중국근현대사 4

Series CHUGOKU KINGENDAISHI, 6 vols.

Vol., 4. SHAKAISHUGI E NO CHOSEN: 1945-1971

by Toru Kubo

Copyright © 2011 by Toru Kubo

First Published 2011 by Iwanami Shoten, Publishers, Tokyo.

This Korean language edition Published 2012 by Samcheolli Publishing Co., Seoul.

by arrangement with the proprietor c/o Iwanami Shoten, Publishers, Tokyo

through BC Agency.

중국근현대사 4
사회주의를 향한 도전, 1945-1971

지은이 구보 도루
옮긴이 강진아
편 집 손소전
디자인 김미영
펴낸이 송병섭
펴낸곳 삼천리
등 록 제312-2008-121호
주 소 121-820 서울시 마포구 망원동 376-12
전 화 02) 711-1197
팩 스 02) 6008-0436
이메일 bssong45@hanmail.net

1판 1쇄 2013년 1월 25일

값 15,000원
ISBN 978-89-94898-17-9 04910
ISBN 978-89-94898-13-1(세트)
한국어판 © 강진아 2013

중국근현대사

4

사회주의를 향한 도전

1945 – 1971

구보 도루 지음
강진아 옮김

삼천리

머리말

우리들은 위대한 지도자 마오 주석에게, 한없는 열애와 한없는 숭
배와 한없는 신앙과 한없는 충성을 담은 프롤레타리아트의 심정을 느
낀다. ― 정치교육 교재 《마오쩌둥 사상 만세》(1969년 8월 간행) 원본 편자 서문에서

존경하는 마오쩌둥 주석께. 당신이 지금 무엇을 하고 있는지, 공산당
원의 한 사람으로서 생각해 주십시오. …… 문화대혁명은 민중운동이
아닙니다. 한 인간이 총으로 민중을 움직이고 있을 뿐입니다. 저는 오늘
로 중국공산주의청년단을 탈퇴할 것을 삼가 선언하는 바입니다.

― 베이징외국어학원 4학년 왕룽펀이 1966년 9월에 마오쩌둥 앞으로 보낸 편지에서

이 책이 서술 하한으로 잡은 1971년은, 1960년대 중반부터 시작된 이
른바 '문화대혁명'의 격동이 대륙을 뒤흔들던 해였다. 중국공산당 주석
이었던 마오쩌둥의 말이 여기저기 구호로 내걸리며 중국 전역이 마오가
지도하는 사회주의 일색으로 물들어 버린 것처럼 보이던 때였다. 일반에
가장 많이 보급된 소사전 《신화자전》(新華字典)의 1971년 개정판을 보
면, 맨 앞에 빨간색으로 "우리들의 사업을 지도하는 핵심적 역량은 중국
공산당이다. 우리들의 사상을 지도하는 이론적 기초는 마르크스-레닌
주의이다"라는 마오쩌둥의 말이 먼저 화려하게 등장하고, 사전 본래의
표지와 본문은 그다음부터 시작한다. 그런 시대였다. 하지만 모든 민중

이 그러한 중국에 만족하고 있었던 것은 아니다. 마오에 대한 개인숭배가 정점으로 치닫던 문화대혁명이 한창이었을 때, 한 여학생이 써 내려간 편지는 그 기만성을 예리하게 통찰하고 있었다. 마오쩌둥을 숭배하는 캠페인도, 그것을 완고하게 거부한 개인도, 모두 1970년대 초 중국에 존재한 현실이다.

왜 중국은 사회주의를 목표로 했던 것일까? 1950년대부터 1960년대에 걸친 사회주의화의 과정은 왜 '대약진'이나 문화대혁명처럼 혼란에 찬 것으로 되었는가? 그리고 그러한 격류 속에서도 앞에 소개한 왕룽펀과 같은 비판 정신이 자라난 수맥(水脈)은 어떤 것이었을까? 1970년대 초 중국은 무엇을 얻고 무엇을 잃고, 어떤 전환점에 서 있었던가. 이러한 의문에 답하는 것이 이 책의 과제이다.

전후 중국은 사회주의를 향해 전진했다. 그러나 제2차 세계대전이 끝난 1945년의 시점에서 중국은 사회주의를 지향하고 있지 않았다. 국민당 정권 아래에서 미국을 중심으로 하는 국제질서의 일각에 자국을 자리매김하고 전후 부흥을 지향했던 것이 대전 종결 직후의 중국이었다. 아니, 실은 공산당이 국민당을 대신해 정권을 장악하여 중화인민공화국을 수립한 뒤에도 신민주주의의 기치 아래 부강한 중국을 지향하자고 외쳤을 뿐이다. 사회주의는 "먼 장래의 일"(마오쩌둥)로 여기고 있었다. 그랬던 중국이 1952년부터 1954년에 걸쳐 왜 사회주의의 길을 선택해 나갔을까. 거기에는 전후 중국을 둘러싼 안팎의 여러 요인이 영향을 미치고 있었다. 이 책 1장과 2장에서 우리는 전후 중국이 당초 목표를 전환하여 사회주의를 지향하게 되는 과정을 종합적으로 살펴보게 될 것이다.

그런데 사회주의란 말은 여러 가지 의미를 포함하고 있다. 1950년대 이후 중국이 지향한 사회주의의 모습도 몇 차례나 크게 바뀌었다. 지향해야 할 사회주의상은 정권을 장악한 중국공산당 지도부 안에서도 일치하지 않았다. 그 때문에 어떤 시기에 내걸었던 사회주의화 정책이 기대만큼 성과를 거두지 못하게 되면, 다른 사회주의화 정책이 제기되어 대폭적으로 정책을 전환해야만 했다. 1950년대부터 1970년대까지 몇 차례나 반복된 이런 정책 전환 과정이야말로 바로 대약진이나 문화대혁명을 빚어 낸 움직임이다. 시행착오라고 부르기에는 너무도 커다란 대가를 치러야 했던 그 과정을 검토하는 것이 3장 이후의 과제이다.

문화대혁명은 공식적으로는 1976년까지 계속되었고, 1970년대 말 이후 개혁개방을 전면에 내세운 새로운 시대가 막을 올렸다. 그러나 얼핏 보면 급전환한 것처럼 보이는 그 변동도 앞서 나타난 다양한 움직임이 누적되어 생겨난 것이다. 문화대혁명의 혼란 속에서 서서히 자라나 차세대 중국을 지탱하게 되는 여러 요소를 확실히 찾아내고, 1970년대 초에 중국이 서 있던 지점을 인식하는 것이 이 책의 마지막 과제가 될 것이다.

서술하면서 특히 주의한 점은 현대 중국의 역사를 글로벌한 시야에 놓고, 현대 일본의 역사와 서로 겹쳐 보면서 파악하는 것이었다. 중국 사회주의는 일본과 아무런 관계없이 성립한 것이 아니었다. 문화대혁명의 혼란에 빠진 중국과 고도 경제성장을 달리던 일본은 언뜻 보아 완전히 다른 길을 걷고 있는 것 같지만, 사실 1960년대에 두 나라는 동아시아의 이웃 지역에서 서로 여러 형태로 상관관계를 맺으면서 병존하고 있었다. 일본에 살고 있는 우리들은(원문 그대로) 중일 양 지역의 전후사가 서로 밀접한 관련성을 가지고 움직여 왔다는 사실을 주목해야만 한다. 따라서 중일 관계, 동아시아 지역, 국제 정세의 전개를 시야에 넣고, 중국과 일본의 동시대사적인 이해를 심화하는 데 특히 유의했다.

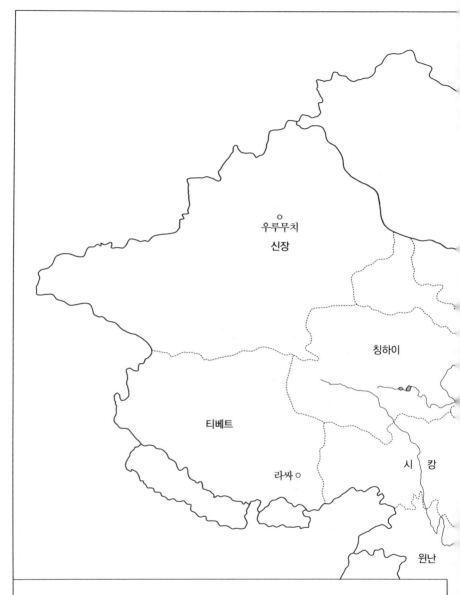

우루무치
신장

칭하이

티베트

시 캉

라싸

윈난

중화민국(1945년 9월)

· 중화민국은 1946년까지 몽골인민공화국을 승인하지 않은 채, 몽골 전역을 영토로 간주하고 있었다.

· 일본의 패전과 함께 타이완은 중화민국의 영토가 되었다.

· 동북 지역은 '만주제국' 시기에 18성으로 세분화되어 있다가, 전후에 9성으로 통합되었다.

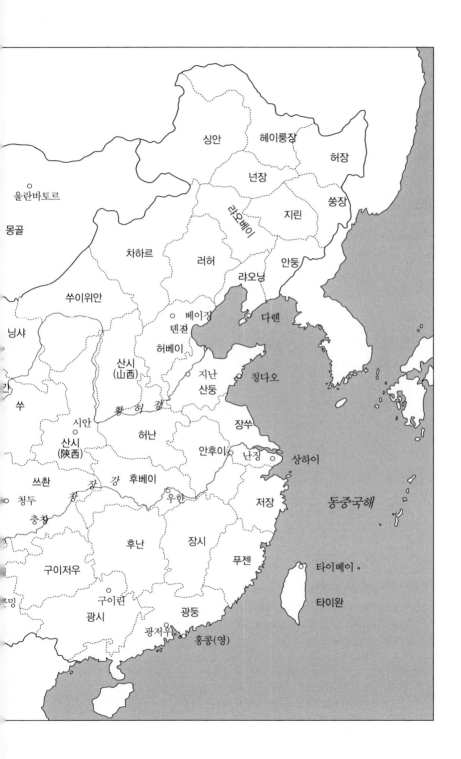

몽골

울란바토르

싱안　헤이룽장　허장

넌장

넌장

차하르　러허　라오베이　지린　쑹장

쑤이위안

안둥

닝샤

라오닝

베이징

다롄

톈진

허베이

간　쑤

산시
(山西)

지난

칭다오

시안

산시
(陝西)

황　허　강

허난

산둥

장쑤

안후이

난징

상하이

쓰촨

장　강

후베이

우한

저장

동중국해

청두

창　강

후난

장시

충칭

구이저우

푸젠

타이베이

밍

구이린

광시

광둥

타이완

광저우

홍콩(영)

우루무치

신장위구르자치구

칭하이

티베트자치구

라싸

쓰촨

윈난 쿤

중화인민공화국 (1971년 12월)

중화민국 국민정부 시기와 주요 차이점은 아래와 같다.

· 몽골인민공화국(당시)을 승인하고 있다.
· 타이완에 인민공화국의 실효 지배가 미치지 않았고, 중화민국이 존속하고 있다.
· 동북 9성은 통합되어 민국 초기 동3성에 가까운 형태가 되었다.
· 싱안, 차하르, 러허, 쑤이위안, 닝샤의 각 성이 통합되어 내몽골자치구가 설치되었다.
· 시캉 성은 폐지되어 티베트자치구와 쓰촨 성에 편입되었다.
· 티베트자치구를 비롯한 5개 소수민족 자치구가 설치되었다.

1장

전후의 희망과 혼돈

개선하는 중국군 일본에 승리한 중국군이 각지에서 개선할 때, 전후 부흥의 험난한 길 역시 시작되고 있었다(후베이 이창宜昌, 1949년 9월,《老照片》15, 12쪽).

1. 엇갈리는 전후 구상

**평화 실현과
민주주의에 대한 기대**
1945년 8월 10일 밤, 중국의 임시 수도 충칭의 거
리는 때 아닌 폭죽 소리에 휩싸여 기쁨으로 들썩
였다. 일본 정부가 연합군에게 포츠담선언 수락
의사를 표명했다는 뉴스, 다시 말해서 일본이 무조건 항복하고 중국이
승리했다는 첫 소식이 전해졌기 때문이다. 중국 국민정부의 지도자 장제
스(蔣介石)의 측근인 탕쭝(唐縱)이란 군인은 그날의 모습을 일기에 이렇
게 기록하고 있다.

오후 7시가 지나서 (중국전구中國戰區) 미군 총사령부가 있는 도로
쪽에서 환호성이 울렸다. 큰딸 푸화(馥華)가 달려와 일본이 무조건 항
복한 것 같다고 알렸다. 곧이어 폭죽 소리가 차례로 울려 퍼지더니, 미
국인들이 길거리로 몰려나왔다. 중국 아이들이 그 주위를 둘러싸고
덥석대고, 라디오에서는 경쾌한 음악 소리가 흘러나왔다(《탕쭝의 일
기》唐縱日記, 1945년 8월 10일).

항복한 일본군 앞에서 연설하는 중국군 장교 전후 중국군이 각지에서 일본군 병사의 무장해제와 수용을 담당했다(안후이 성 우후蕪湖, 1945년,《老照片》11, 표지 안쪽).

일본에 승리한 중국이 전후 부흥에 거는 희망은 대단한 것이었다. 중국인들은 영토를 회복하여 평화로운 일상을 되찾고, 전쟁 전보다 나은 사회경제적 번영을 실현해 주기를 절실히 원했다. 국민당의 일당독재 정치에 종지부를 찍고 민주적인 헌정을 실현하리라는 기대 역시 컸다.

한편, 전쟁이 끝났다는 것은 일본의 침략에 저항하기 위해 일치단결한다는 대의명분이 사라졌음을 의미했고, 국내의 다양한 정치 세력 간에 격렬한 항쟁이 펼쳐지게 되는 신호탄이 되었다. 뒤에 서술하겠지만, 공산당은 일본군 항복을 기회로 세력 범위를 넓히기 위해 옌안(延安) 지도부의 지시에 따라 각지에서 적극적인 행동에 나섰다. 국민정부 쪽도 공산당의 이러한 움직임을 경계하여 각지의 군대에 중앙정부의 지시가 있을 때까지 함부로 이동하지 말라고 엄명을 내려 놓고 있었다. 국공(國共)

전후에 재건된 마오신제분(茂新製粉) 공장 전후 부흥에 대한 기대를 담아 공장의 재건과 신축 증설을 추진했다(우시無錫, 1948년, 《榮德生和他的事業史料圖片集》, 54쪽).

양당 사이에는 일본군 부대의 투항을 인수하는 절차나 공산당 군부대의 배치를 둘러싸고 다툼이 끊이지 않았고, 동북(東北, 둥베이), 화북(華北, 화베이) 곳곳에서 소규모 군사적 충돌이 발생했다.

하지만 당시 중국 민중들 사이에는 부흥을 바라며 "더 이상 전쟁은 사양한다"는 내전에 대한 거부감이 컸다. 저우언라이(周恩來)는 공산당 대표로 충칭에 머무르면서 이러한 여론 동향을 민감하게 파악할 수 있었다. 따라서 "내전에 반대하고 평화를 주장하는 것이 지금 가장 인심을 얻을 수 있는 슬로건이다"라고 거듭 옌안의 당 중앙에 보고하여 주의를 환기시켰다(《1946년 국공 담판과 저우언라이 문집》周恩來一九四六年談判文選). 1945년 11월에는 국공 양당과는 다른 입장에서 전후 부흥과 헌정 실현을 지향하는 중국민주동맹의 장란(張瀾), 선쥔뤼(沈鈞儒), 황옌페이(黃炎培) 등이 충칭에서 '각계반내전연합회'(各界反內戰聯合會)를 조직했다.

국제적으로는 국민정부 아래에서 안정된 통일 중국 재건을 기대하는 미국 정부가 필사적으로 국공 양당 사이를 조정하였고, 소련도 중국에서 내전이 다시 일어나는 것을 원하지 않았다. 나라 안팎의 여론과 정치 세력 대다수가 무력을 쓰지 않고 평화적으로 전후 중국의 진로를 결정해 나가기를 기대했던 것이다. 이와 더불어, 국민당은 전후 헌정을 실시하겠다는 구상을 제시하고, 전쟁이 끝나면 국민당 일당독재 체제인 '훈정'(訓政)을 끝내고 민주적 헌정을 실시하겠다고 공약했다. 그것은 또한 항일전쟁 중에 학생과 지식인들의 민주헌정 운동이 강력하게 요구했던 과제였으며, 항전기 내내 힘을 축적해 온 공산당도 여기에 동조하고 있었다. 상황이 이러했으므로 곳곳에서 국공 양 군대 사이에 충돌이 일어나도 내전이라고 할 만큼 대규모 전투까지는 가지 않았으며, 전후 중국의 향방을 두고 우선은 평화적인 방법으로 경쟁하게 되었다. 공산당도 당시 이 시기를 "평화와 민주주의의 새 단계"라고 불렀다.

정치협상회의 국민당은 1945년 5월에 열린 제6회 전국대회에서 전후 예정대로 헌정을 실시한 뒤에도 국민대회를 통해 정권 운영에서 당의 주도권을 확보하겠다는 방침을 정했다. 그러자 공산당은 같은 해 4~6월 제7회 전국대회에서 각 정당 각 정파가 평등한 자격으로 참가하는 연합정부 구상을 제기하며 국민당의 주도권을 견제하려고 하였다. 전후 구상을 두고 첨예하게 대립하는 가운데 타협점을 찾기 위해, 국공 양당의 회담이 1945년 8월부터 10월까지 충칭에서 열렸다. 그리고 최종적으로는 장제스와 마오쩌둥의 정상회담을 거쳐 10월 10일자로 합의문(쌍십회담기요雙十會談紀要)이 공표되었다. 이 합의는 국민당의 지도성을 승인하고 "군대의 국가화(國家化)"라는 표현을 써서 공산당의 독자적 무장을 부정하는 등 기본적으로는 통치 정당인 국민당의 우위와 당

장제스-마오쩌둥 회담 전후 부흥을 위해 당초에는 국공 양당 모두 협력하는 자세를 보였고, 평화와 민주주의를 모색했다 (충칭, 1945년 10월,《第二次國共合作》사진 No. 444).

시 공산당이 가진 힘의 한계를 명확히 보여 주었다. 하지만 합의 문서에는 공산당의 주장도 받아들여져, 전후 정권 구상에 대해 협의하기 위해 정치협상회의라는 새로운 당파 간 협의의 장을 마련하기로 했다.

이리하여 1946년 1월에 개최된 정치협상회의('정협'으로 줄임)에는 국민당 8인, 공산당 7인, 청년당 5인, 민주동맹 9인에 무당파 지식인을 보태 총 38인이 출석하였다. 정협에서는 국민정부가 안고 있는 여러 문제점이 지적되어, 이를 시정하기 위해 공산당을 비롯한 야당이 정권에 참가하여 국민당의 주도권을 제약한다는 방향으로 의견이 모아졌다. 우선 정부의 개조 방침에 관해 정부위원(각료)의 4분의 3을 국민당원으로 한다는 국민당 원안을 수정하여, 국민당원은 반수로 제한하기로 하였다. '헌법제정국민대회'의 대표 문제에 대해서도 국민당의 원안을 수정하여, 이미 선출된 900여 명에 더해 새로 1,100여 명을 추가 선출하기로 했다. 군대의 탈정당화(국가화)에 관해서는, 군인은 즉시 당적에서 이탈해야 한다는 민주동맹 등의 방안에 국공 양당이 한목소리로 반대했기 때문에, 최종적으로 군대 내에서 정당 활동을 금지하는 것에 그쳤다. 가장 의미가 있는 것은 헌법개정원칙(憲法改正原則)의 결정인데, 입법원과 행정원을 각각 실질적인 의회와 내각으로 만들기로 함으로써 사실상 삼권 분립을 보장한다는 방침을 확정했다.

정치협상회의의 결과, 공산당이 말한 '연합정부'라는 표현만 안 썼을 뿐, 실질적으로는 국민당의 주도권이 크게 제약받고 국공 양당을 중심으로 민주동맹까지 참가하는 연립정권 수립이 예상되었다. 이러한 상황에 처한 장제스의 측근도 "정치협상회의에서는 정부가 마치 재판을 받고 있는 것 같았다. 그런 굴욕은 참기 어려웠다. 이제 한계에 다다랐다"고 격분하면서, "하지만 그래도 뭐라고 하기 어렵다. 정부의 결점이 실제로 너무 많다"고 썼다(《탕쭝의 일기》 1946년 1월 15일). 그러나 이때 국민당 내부의 의견이 완전히 일치된· 것은 아니었다. 당내에 부글부글 쌓여 있던 정협 결의에 대한 불만은 두 달 뒤 회의에서 마치 둑이 무너지듯 터져 나왔다. 또 정치협상회의에서는 결국 군대의 탈정당화(국가화)가 이뤄지지 못했기 때문에, 정당 간 대립이 무력 다툼으로 발전하기 쉬운 기본 구조가 여전히 계속되었다는 점도 주의해야 할 것이다.

국공 양당의 각축　정협이 열리고 있는 사이에도 국공 양당 간의 항쟁은 계속되었다. 뒤에서 살펴보겠지만, 공산당군은 1945년 8월 이후 몰래 부대를 동북(東北)으로 이동시키고, 쓰핑자(四平街)를 비롯한 동북 지방의 요충지를 점령하였다. 이러한 공산당 측의 움직임에 국민정부도 서둘러 대항 조치를 취하여, 상당수의 군대를 동북에 투입하고 무력으로 요충지를 탈환하려고 시도했다. 미국이 몇 번이나 조정을 시도했지만 국공 양당의 군사적 충돌은 그치지 않았다.

공산당의 영향이 큰 반정부적 민중운동에 대해서 국민정부군이나 국민당 조직이 직접 폭력을 행사하여 위해를 가하는 사건도 발생했다. 1945년 12월 1일 윈난 성 쿤밍(昆明)에서 군대 일부가 공산당 계열의 학생 단체를 습격한 사건이 일어났고, 1946년 2월 10일에는 쓰촨 성 충칭의 민중 단체들이 시내 자오창커우(較場口)에서 정협의 성공을 축하하는 집회를 열자 일부 국민당원들이 폭력을 행사하며 난입하는 사건이 발생했다. 국민당 정권이 직접 관여하지는 않았다고 해도, 정권에 가까운 세력이 공산당 계열의 민중운동을 막으려고 폭력을 행사했다는 사실은 부정할 수 없다. 이처럼 국공 양당의 마찰은 격화되기만 하였다.

한편, 앞에서 본 대로 정치협상회의에서는 정권 측이 타협을 할 수밖에 없었고, 국민당의 주도권을 제약하는 방침이 결정되었다. 이 결정에 대해 국민당 안에서는 반발이 거세져, 1946년 3월 제6기 제2회 국민당 중앙위원회에서 온갖 불만이 한꺼번에 터져 나왔다. 그 결과 "수상(首相)이 아니라 국민당 중앙위원회가 정부 각료를 선임한다"는 결의를 비롯해, 정협에서 공산당과 민주동맹에 양보했던 합의 사항을 수정하고 국민당 일당독재 체제를 유지하려는 갖가지 결의가 채택되었다. 국민당 통치가 위기에 처했다고 느낀 당내 집단은 통치를 재건하기 위해 국민당 혁신운동을 본격화하였다.

이와 함께 국민당 측은 공산당과 민주동맹이 조직한 민중운동에 대한 반격을 강화했다. 같은 해 6월 23일에는 상하이에서 민중 단체 대표단이 국민정부에 '내전 반대'를 청원하려고 수도 난징을 방문했다가 공산당의 군사행동을 비판하는 집단에 습격당하여 부상을 입는 사건이 일어나, 국민당 측의 모략이라는 관측이 흘러나왔다. 또 국민당 비판을 강화하고 있던 민주동맹에 대한 탄압도 거세져, 윈난 성 지부의 간부이자 언론인인 리궁푸(李公樸)와 문학자 원이둬(聞一多)가 같은 해 7월에 연이어 암살당하는 사건이 발생했다. 저명한 두 지식인의 죽음은 국내 여론에 큰 충격으로 받아들여졌다. 암살의 배후에 국민당 정권의 비밀 기관이 관여하고 있을 것이라는 의혹이 확산되었다.

이렇게 정치적 고립에도 아랑곳하지 않고 반대 세력에 압박을 강화하던 국민당 정권은, 1946년 11월에 헌법제정국민대회의 개최를 강행하여 정협 합의를 뒤집고 일방적으로 중화민국 헌법을 채택했다(1947년 1월 1일 공포). 청년당, 민주사회당을 비롯한 일부 정당 대표를 제외하고, 정협에 출석했던 정당이나 정파의 대표 대부분은 이 국민대회에 출석하지 않았다.

전후의 사상과 문화　　사상계와 문화계 역시 전후 부흥에 대한 기대에 부풀어 있었다. 1945년 9월부터 1947년 말까지 상하이에만 수백 종의 잡지가 발행될 정도였다. 각지에서 수많은 신문과 잡지가 창간 또는 복간되어 참신한 주장을 둘러싸고 논단이 활기를 띠었으며, 전후 세태를 반영한 문학이나 영화가 반향을 불러일으켰다.

전후 사상과 문화의 특징은 정치와 경제, 사회 개혁을 둘러싸고 대단히 자유롭고 활달한 토론이 전개되었다는 점이다. 권력의 통제가 상대적으로 약해진 상황을 배경으로, 다양한 사상 조류가 백화제방의 기세로 꽃피었다. 그리하여 이후 4년간, 20세기를 통틀어 가장 활발하게 논쟁이 전개되었다. 탕타오(唐弢), 커링(柯靈)이 편집한 《주보》(周報, 1945년 9월

察 觀

·元百五費價售· ·刊創日一月九年五十三· ·圖出六號每·

號刊創　號刊創

我們的志趣和態度　專論

信 通 察 觀

山水·人物·藝術

文學·藝術·戲劇·音樂

李闊之死　《見南通信》
沉默中的潘光旦　《南京通信》

組黨傳說中胡適的態度　《南京通信》
權食的國際分配　華威頓通信

中國之過去與將來

論知行　中國時局前途的三個去向　王芸生
論當前中國經濟情勢　二十一國和會

撰稿人

《관찰》 창간호　국공 양당과는 다른 입장
에서 평화와 민주주의를 추구하여 학생과
지식인들의 폭넓은 지지를 얻었다(상하
이, 1946년 9월).

창간), 정전둬(鄭振鐸)가 편집한《민주》(民主, 1945년 10월 창간)는 비교적
이른 시기에 창간된 시론 잡지였다. 당파의 차이를 뛰어넘어 여러 경제
학자들이 기고한《경제주보》(經濟周報, 1945년 11월 창간)는 우다쿤(吳大
琨)과 우청시(吳承禧)라는 두 저명한 경제학자가 편집했다.

　이렇듯 다양한 미디어 가운데에서 언론인 추안핑(儲安平)이 편집한
주간지《관찰》(觀察, 1946년 9월 창간)은 걸출한 존재였다. 이 잡지는 전
시에 오지로 피난 갔던 자유주의적 지식인들이 상하이, 베이징, 톈진으
로 돌아왔을 때 헌정 실시를 염두에 두고 창간한 잡지로, 전국의 학생과
지식인들이 애독했다. 창간할 때 선언한 기본 입장은 ① 경제적 측면도
포함한 민주주의 실현, ② 자유와 기본적 인권의 보장, ③ 정치 · 경제 ·
사회 · 교육 · 군사 각 방면의 근대화를 포함한 진보, ④ 모든 분규를 무
력에 의지하지 않고 이성으로 해결해 나가는 것, 이 네 가지였다. 1946

년 여름부터 가을 사이에 정부를 강하게 비판하던 《주보》와 《민주》가 연이어 정간당하는 가운데, 《관찰》은 직접적인 정부 비판은 피하면서도 사회학자인 페이샤오퉁(費孝通)과 판광단(潘光旦), 철학자 장둥쑨(張東蓀), 농촌개량운동을 벌여 온 사상가 량수밍(梁漱溟) 등의 평론을 실어 중국 정치와 사회의 바람직한 미래상에 관해 질문을 던져 여론에 큰 영향을 주었다.

학생과 지식인의 관심을 끈 주장 가운데 헌정과 중국의 국정 이해를 둘러싼 논쟁이 있다. 사상가 량수밍 등은 전통 중국의 유교 문화를 계승 발전시킴으로써 헌정 실현의 길을 찾으려 했고, 사회학자 페이샤오퉁은 전통 중국의 사회구조 일부에 존재하던 지방자치를 소생시켜 헌정 실현의 기초로 삼으려고 했다. 그런가 하면 경제 발전을 기초로 전통 중국의 사회나 문화를 변화시켜야 한다는 마르크스주의자와 사회민주주의자들은 량수밍을 비판하면서, 헌정을 실현하려면 전통 중국의 사회경제와 문화를 변혁해야 한다고 전망했다. 헌정을 자유와 민주주의를 보장하는 정치체제라는 말로 바꿔 본다면, 이 시기에 나타난 논쟁의 구도는 오늘날 21세기 중국에도 여전히 통하는 면이 있다.

문학으로 눈을 돌리면, 《문예부흥》(文藝復興)과 《문예춘추》(文藝春秋), 《중국신시》(中國新詩)를 비롯하여 상하이에 거점을 둔 것만도 100종에 가까운 문예 전문지가 발행되었다. "우리들은 5·4운동 이래 미완의 사업을 계승하면서 동시에 앞으로 문예부흥에 한층 더 노력해야만 한다"(《문예부흥》 창간 선언)라는 정서적 고양이 넘쳐흘렀고 수많은 역작이 발표되었다. 뒤에 살펴보겠지만, 전후 4년 동안에 개봉된 영화도 보석 같은 명작이 숱하게 출현했다.

2. 경제 운영의 파탄

무역자유화와 그 좌절 국민정부의 정치적 고립이 심화된 커다란 요인
은 재정과 경제정책의 실패였다. 그렇다고 처음
부터 실패할 운명이었다고 할 수는 없다. 항일전쟁 기간 동안에 전후 경
제 재건을 위한 유력한 실마리도 잡혀 있었다. 그중 하나는 항전 중에 얻
은 외국의 자금 원조와 (전쟁이 끝날 무렵─옮긴이) 통제무역에서 나온 수
입이다. 중국 정부와 정부계 은행은 8억~9억 달러나 되는 거액의 외환
준비금을 확보할 수 있었다. 이 자금에다가 일본으로부터 접수한 자산을
더해서 당시 통화 발행액과 비교해 본다면, 발행 준비액은 윤택하다고
해도 좋을 정도였다. 행정원장 쑹쯔원(宋子文)은 이러한 조건을 잘 살려
서 경제개방 정책을 단행했다. 미국을 중심으로 형성되고 있던 자유주의
적 국제경제 질서(브레턴우즈 체제)에 중국도 풍부한 외환 보유고를 살려
적극적으로 참가하고 생산재 수입을 용이하게 하여 경제 부흥을 촉진하
자는, 그 나름대로의 전후 경제 구상을 가지고 있었다. 1946년 2월 25일
국민정부는 외환시장 개방과 무역자유화 정책을 실시했다.

그러나 새로운 경제개방 정책의 결과는 무참한 실패로 끝났다. 국내

미국 제품의 범람에 항의하는 상하이 상공업자들 상하이시상회(上海市商會)는 수도 난징에 청원단을 보내 미국 제품에 대한 수입 규제와 국산품 보호를 호소했다 (1946년 8월, 《商業月報》).

의 부흥 수요를 예상하여 실세 가격보다 약간 높게 외화 환율을 책정했던 것이 자극제가 되어 미국에서 대량의 상품이 수입되었다. 소비재를 중심으로 한 수입품의 증대는 국내 생산의 회복을 돕지 못하고 오히려 방해했다. 환율관리 정책이 제대로 기능하지 않았기 때문에, 애초에 기대한 생산재 수입은 늘지 않았다. 1947년 6월에 가도 국내 생산력 수준은 전쟁 전 최고 수준의 35.1퍼센트를 밑돌았다. 반면에 수출은 국내 생산에 급급했기에 여력이 없었고 높게 설정된 환율까지 걸림돌로 작용하여 급속하게 수축되었다. 거액의 무역적자가 생겨난 것은 당연한 일이었다. 국민정부의 외환 보유고는 무역자유화 실시 이후 다섯 달 반 만에 1억5,500만 달러로 감소했다. 경제 자유화 정책은 누가 봐도 성급한 조치였다. 1946년 8월에는 상하이 경제계가 대규모 대표단을 수도 난징에 파견하여 국민정부에게 정책의 근본적인 수정을 요구했다. 정부는 서둘러 개방정책을 일부 손질하여 환율관리를 부분적으로 재개했다. 하지만 그 효과는 제한적이었고, 경제정책에 대한 불만의 목소리는 점점 커져 갈 뿐이었다.

때마침 1946년 11월에 중미우호통상항해조약이 체결되자, 미국 제품의 중국 유입에 기름을 부었다며 비판의 도마에 올랐다. 조약의 내용은 글자 그대로 평등했다. 하지만 그 무렵 중국과 미국의 경제 격차를 고려하자면, 상호 투자 활동을 자유화하고 선박의 국내 항행권을 보장한다고 해도, 그런 혜택을 누릴 가능성이 있는 쪽은 압도적으로 미국 자본이었다(실제로는 경제 통제의 강화, 국공 사이에 내전 격화로 미국의 중국 진출은 그다지 늘지 않은 채 끝났다).

경제계를 비롯하여 국내 여론의 비판이 거세지는 가운데, 국민정부는 결국 경제 자유화 정책을 단념할 수밖에 없었다. 1947년 2월 16일 외환 매매 금지 및 생활필수품 배급제 부활을 요점으로 하는 '경제긴급조치 방안'을 공포했다. 이윽고 3월 1일에는 쑹쯔원이 책임을 지고 행정원장을 사임한다고 발표했다.

난항을 겪는 접수와 통합

구일본군 점령 지역의 경제를 접수하는 작업 역시 이런저런 장애에 부닥치고 있었다. 그중 하나가 통화의 재통일 문제이다. 국민정부는 화중(華中) 지역의 대일 협력 정권이 발행하여 연해부의 구일본군 점령 지역에 유통한 저축은행권(儲備銀行券)을 회수하고, 국민정부의 법폐(法幣)로 재통일해야 했다. 이때 국민정부는 실세환율(實勢換率, real rate)인 '법폐 1위안(元)=저축은행권 35~50위안'을 대폭 올려 공정환율을 '법폐 1위안=저축은행권 200위안'으로 설정했다. 항전을 지탱한 정통성 있는 화폐인 법폐의 가치를 점령 지역에서 사용된 저축은행권보다 높게 평가하는 것은 당연하다고 생각한 것이다.

결과적으로 국민정부가 통합한 내륙지역의 통화는 격상되고, 거꾸로 일본군에 점령되었던 연해지역의 통화는 대폭 절하되었다. 그런데 그렇게 되자 실세환율보다 높게 평가된 내륙지역 통화가 상하이를 중심으로 한 연해지역에 유입되면서, 연해지역에서는 인플레이션이 조장되었다. 반면에 충칭을 비롯한 내륙지역에서는 연해지역의 고품질 상품이 싼 가격으로 판매되어, 내륙지역 제품은 판로를 잃게 되고 생산자가 큰 타격을 입었다. 게다가 자금이 내륙지역에서 연해지역으로 유출되고 있었으므로, 전후 내륙지역은 심각한 금융 난과 불황에 허덕이게 되었다.

한편 일본군과 일본 자본이 경영하고 관리하던 생산 설비를 접수하는 작업은 큰 이권이기도 했기 때문에 누가 어떻게 접수하느냐를 둘러싸고 저마다 이해타산이 충돌했고 조정 작업도 난항을 겪었다. 원칙적으로는 제철소와 탄광, 발전소 등은 국민정부 자원위원회를 비롯한 담당 부서가 접수하고, 방적 공장과 제분 공장 등은 중국인 원소유주에게 반환하던지 중국의 민간 기업에 불하하도록 하고 있었다. 그러나 방적업을 예로 들자면, 항전 승리에 공헌한 내륙지역의 업자가 그 보상으로 자신들이 구일본 자본의 재화방(在華紡, 일본 자본이 중국에 건설한 면 방적·방직 공장―옮긴이) 공장을 접수하게 해달라고 강력히 요구하고 나섰다. 이에 대해 연해지역의 업자는 높은 기술력을 내세워 구재화방 공장의 조업 재개를 원활히 추진할 수 있는 것은 자신들이라는 주장을 굽히지 않았다. 대립을 조정하느라 고심하던 국민정부는 잠정적으로 정부가 직접 재화방 공장을 경영한다는 방침을 정하고, 중국방직건설공사(中國紡織建

設公司, '중방')를 설립했다. 이처럼 접수한 뒤의 경영 방침을 정하지 못하다가 잠정적으로 국영화 방침을 채택하는 경우가 많았다. 그러나 국영화에 대해서는 민간 기업에서 강한 불만의 목소리가 터져 나왔다. 경영을 담당하는 관료들의 부패 현상이 두드러졌고, 국영기업과 그 경영 담당자에 대해 '관료자본'이라는 비난이 자주 쏟아졌다.

한편 화북(華北) 지역에서는 각지에서 개별적으로 공장과 발전 시설, 광산의 접수가 진행된 결과, 일본군 점령 시대에 형성된 통일적 경제 운영이 훼손되는 사태가 나타났다. 또 동북 지역에서는 전후 초기에 옛 만주국의 점령군으로 주둔하고 있던 소련군이 주요 생산 설비를 철거해 가는 바람에 경제활동 전체가 큰 타격을 입었다.

기록적인 인플레이션 경제개방 정책의 파탄과 구일본군 점령지 경제 접수 작업의 혼란은 전후 국민정부의 재정경제를 극한 상황으로 몰아넣었다. 생산과 유통의 재건이 지체되었기 때문에, 시장에 공급되는 물자가 부족해지고 물가가 상승했다. 게다가 인플레이션이 진행되는데도, 국민정부는 국공내전을 준비할 전비(戰費)를 확보하려고 방대한 적자예산을 편성하고 통화를 남발하여 인플레이션을 가속화했다. 당연히 물가는 폭등했다.

1946년 상반기를 살펴보면, 통화 발행량은 전년에 비해 2배 정도 늘어난 데 그쳤으나 물가 상승률은 2.5배나 되어, 이미 악성 인플레이션의 징조가 나타났다. 상승률은 더욱 악화되어 1947년 통화 발행량은 전년의 8.9배, 물가상승률은 14.7배가 되었다. 특히 다달이 급여액이 고정된 공무원이나 교원들에게 물가 폭등의 영향은 심각했다. 고급 군인이었던

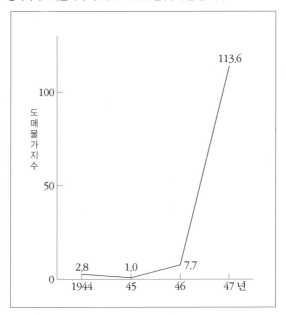

상하이의 도매물가 추이 1944~1947년(1945년 말=1.0)

113.6

100

도매물가지수

50

2.8   1.0   7.7
0
1944   45   46   47년

출전:《上海解放前後物價資料彙編, 1921~1957》

탕쭝조차도 "집에서 쓸 돈이 없어서 아내 츠젠(李次建)과 싸움을 했다. 한 달에 40만 위안은 필요하다는데, 월급은 10만 위안가량. 어떻게 해야 할지 모르겠다"(《탕쭝의 일기》 1946년 5월 10일)고 탄식하고 있다.

국민정부는 1947년 2월 일용품 가격에 상한선을 정하고 임금을 동결하는 긴급 대책을 내놓았다. 정부는 전문 기관을 통해 가격 동향을 감시하고 물가 폭등을 억누르려고 했다. 그러나 정부 스스로 적자 재정을 극복하고 통화 발행량을 엄격히 제한하지 않는 한, 한번 시작된 악성 인플레이션을 행정적 수단만으로 누르기는 어려웠다. 결국 정부는 그해 4월 가격 상한선을 올릴 수밖에 없었고, 5월에는 임금 동결도 해제했다. 그 때문에 4월 첫째 주에서 둘째 주까지 면사와 면포, 쌀, 대두, 식용유의 가

폭락한 통화로 급여를 지불하는 모습 물가가 크게 뛰고 통화 가치가 폭락했기 때문에 월급날에는 두터운 지폐 다발이 필요했다(상하이, 1948년 3월,《內戰結束的前夜》, 87쪽).

격은 한꺼번에 30~70퍼센트나 급등했다. 효과적인 대책이 나오지 않은 채, 물가 폭등의 기세는 꺾이지 않았다. 전쟁 전에 소 한 마리 살 돈으로 전후에는 계란 하나도 살 수 없게 되었다는 말은 결코 과장이 아니었다.

다음 단계로 국민정부가 내놓은 인플레이션 대책은 통화를 새롭게 바꿈으로써 물가를 억제한다는 방안이었다. 1948년 8월에 금원권(金圓券)이라는 새로운 통화가 발행되었다. 정부는 종래의 법폐 300만 위안을 금원권 1위안으로 강제로 교환하도록 하여, 물가와 임금 동향을 진정시키려 했다. 금원권이란 신화폐를 유통시켜 표시 가격을 인하하면서 물가와 임금을 동결한 과격한 해법이었다. 그러나 규제를 싫어하는 시장에서 상품이 모습을 감추고, 새 통화를 쓰지 않고 물물교환이 확대되는 결과를 초래하면서 이 개혁은 실패했다. 1949년 7월에는 은태환권(銀兌換券)을 발행하였으나, 금원권 때와 마찬가지로 경제활동에 혼란을 가져와 화폐 가치를 유지하지 못하고 실패했다. 재정경제 정책의 연이은 실패는 국민 정부가 민중의 신임을 크게 잃고 정치적으로 고립되는 결정적인 원인이 되었다.

전후 세상의 단면　　전후 부흥에 대한 기대는 한결같았지만, 그 무렵 중국에 살고 있던 사람들 사이에는 복잡한 감정이 교차하고 있었다. 일본의 침략에 저항하여 싸웠던 충칭 국민정부 통치 지역 사람들은, 민족 독립이라는 대의를 지키고 힘든 생활을 견뎌 온 자신들이야말로 항전 승리의 열매를 누구보다 많이 누릴 권리가 있다고 생각했다. 그런가 하면 상하이 같은 연해 도시를 중심으로 한 구일본군 점령 지역에 있던 사람들 사이에는, 적의 지배 아래에 살면서 쓰라린 경험을 했으면서도 항전의 대의를 관철한 충칭 쪽 위세에 눌리는 분위기가 농후했다. 물론 구일본군 점령 지역에 있던 사람들 중에는 적과 내통하여 민족을 배반한 자(중국 말로 '한젠'漢奸이라 부름)로 심하게 규탄받은 대일 협력자도 있었고, 왕징웨이(汪精衛) 대일 협력 정권의 정부주석대리를 지낸 천궁보(陳公博)처럼 전쟁 범죄자로 처형당한 이도 있었다. 그러나 적의 지배 아래에서 생활할 수밖에 없었던 상황에서, 어디까지를 적에게 협력했다고 판단할 수 있을까? 대단히 미묘한 문제가 내포되어 있다고 할 수밖에 없다. 앞에서 본 것처럼 접수와 통합을 둘러싸고 복잡한 사태가 생겨나던 이면에는 이런 감정의 골도 영향을 주고 있었다.

　전쟁에서 이별과 재회는 무거운 현실이었다. 영화 〈봄날의 강은 동쪽으로 흐른다〉(一江春水向東流, 차이추성蔡楚生·정쥔리鄭君里 감독, 1947)

영화 〈시골의 봄〉(小城之春) 포스터
전후 중국 사회의 단면을 섬세하게
그린 명화(1948년).

는 전쟁 때 상하이에 남아 항전 투사인 남편과 소식이 두절되고 아이들
을 책임지는 힘든 생활을 하던 중에, 전후(戰後)를 맞은 아내가 충칭에서
돌아온 남편과 어떤 파티장에서 우연히 만나는 광경을 그리고 있다. 충
칭에서 이권을 얻은 남편은 새로운 아내와 함께 상하이로 돌아와 연회
로 밤을 지새우는 화려한 생활을 보내고 있었다. 마침 그 연회장에서 종
업원으로 일하고 있던 아내는 절망한 끝에 자살한다. 수많은 관객은 전
후 자신의 처지와 겹쳐 보며 이 영화에 몰입했을 것이다.

　작은 지방 도시의 낡은 집을 무대로 한 〈시골의 봄〉(小城之春, 페이무費
穆 감독, 1948)도 빠뜨릴 수 없다. 늘 병치레를 하는 남편과 아내, 여학교
에 다니는 시누이, 세 사람은 일본군 점령 시대에 마을 후미진 구석의 낡
은 집에서 조용히 살아가고 있었다. 전후에 상하이에서 남편의 옛 친구
가 찾아오는 장면으로 이야기는 시작된다. 항일전쟁에 참가한 옛 친구와

재회를 기뻐하는 남편. 시누이도 그 남자에게 남몰래 연정을 품게 된다. 그러나 첫 대면이어야 할 터인 아내와 그 옛 친구는 사실 전쟁이 두 사람을 갈라놓을 때까지는 연인 사이였다. 서로 상대방을 알아보고 놀라서 숨을 죽이는 두 사람. 그 후 아무 일도 없었던 것처럼 옛 친구가 상하이로 돌아갈 때까지 이어지는 긴장된 며칠을 영화는 풍부한 정감을 담아 그리고 있다. 이런 일도 역시 전후 중국 사회에 생겨난 무수한 휴먼 드라마 가운데 하나였다. 시대의 혼을 응축시킨 것과 같은 이 작품은 2002년에 현대 중국 영화를 대표하는 톈좡좡(田壯壯) 감독이 리메이크하여 신선한 화면과 함께 큰 반향을 일으켰다.

3. 국민정부의 오산

정권의 고립　　1946년 11월부터 12월에 걸쳐 헌법제정국민대회가 열렸다. 정당 중에 국민당, 청년당, 민주사회당이 출석했을 뿐이었다. 공산당과 민주동맹은 국민당이 정치협상회의의 결의를 충실히 이행하지 않고 일당독재 체제를 유지하려고 한다며 항의의 표시로 대회 출석을 보이콧했다. 국민당의 강경책은 일시적으로는 국민정부의 통치를 강고한 것처럼 보이게 했지만, 장기적으로는 국민당의 지지 기반을 좁히고 약화시켰다.

헌법 시행(1947년 12월)에 따른 입법 활동을 위해 1948년 3월에 열린 국민대회에서는 그러한 경향이 한층 두드러졌다. 대회 대표를 뽑는 선거에서 수도 난징에서조차 유권자 147만 명 가운데 80퍼센트가 기권할 정도였다. 여기저기서 선거를 둘러싼 매수 사건과 폭력 사태, 대리투표가 끊이지 않아 국민들에게 환멸을 주었다. 이때 대회는 내전 시기 총통에게 큰 권한을 준 임시 조항을 헌법에 두기로 결정하고 있었다. 그러나 찬성자는 출석한 대표 2,045명 가운데 1,624명에 그쳤다. 또 부총통 선거는 대다수의 지지를 얻은 후보가 없었기 때문에 최후까지 엎치락뒤치락

미군의 폭행에 항의하는 학생 시위대　1946년 말 베이징에서 일어난 미군 병사의 여학생 폭행 사건에 항의하는 운동은 전국으로 확산되었다(난징, 1947년 1월, 《老照片》12, 112쪽).

했다. 리쭝런(李宗仁)이 쑨커(孫科)를 물리친 결선투표는 143표라는 근소한 차에 불과했다. 공산당군에게 패배하기 이전에, 국민정부는 이미 정치 무대에서 패배를 맛보고 있었다.

1946년 봄에 철수한 소련군과는 달리 미군은 주둔 기간을 연장했다. 그러나 국민정부군을 직접 지원하는 역할은 하지 않았다. 오히려 앞에서 나왔듯이 전후 국산품을 압박하는 외국 상품의 대표적 존재가 미국 제품이었던 점, 미군 병사의 여학생 폭행 사건 같은 사건이 다수 발생하고 있던 점, 일본 부흥을 미국이 과도하게 도와주고 있는 듯 보였던 점, 이런 점들 때문에 미국은 중국 민중들의 불만을 한 몸에 받게 되어, 점차 미국에 의존적인 대외 정책을 취하던 국민정부의 처지도 곤란하게 되었다.

수많은 중국 민중은 항일전쟁이 마침내 끝났으니, 평화로운 일상이

신신방직의 노동쟁의로 구속된 여공 물가가 치솟는 가운데 임금 인상을 요구하는 노동쟁의는 과격해졌고, 최대 기업인 신신방직에서도 쟁의가 일어났다(상하이, 1948년 2월,《內戰結束的前夜》, 94쪽).

되돌아오고 경제가 재건될 것이라 희망했다. 전쟁이 끝난 뒤 1년도 지나지 않아 발발한 내전은 이러한 민중의 염원을 저버리는 사건이었다. 국민정부 통치하의 도시 지역에서는 정부의 실정을 비판하고 생계 보장과 내전 반대를 요구하는 운동이 지식인과 학생, 노동자들 사이에 확산되었다. 그중에서도 1947년 5월 20일, 내전 반대와 기아 구제를 호소하며 수도 난징의 중앙대학(中央大學) 학생들이 시작한 운동은 그날 가두시위가 관헌에게 탄압을 받았음에도 전국적으로 파급되었다(5 · 20 사건). 또 상하이 최대 방직 공장 가운데 하나인 신신방직(申新紡) 제9공장에서는 임금 인상을 요구하는 파업이 일어나 200명이 넘는 노동자를 체포하는 탄압 사태가 발생하여 사회문제가 되었다(1948년 1~2월).

이런 운동은 국민당의 일당 지배를 비판하는 민주화 운동과 연계되어 있었으므로, 국민정부는 힘으로 억압했다. 대조적으로 공산당은 생계 보장과 내전 반대, 민주화를 요구하는 민중운동을 국민당과의 싸움에서 '제2전선'이라고 부르며 연대하는 자세를 취했다. 국민정부의 정치적 고립은 심화되었다. 수적으로는 국민정부군이 공산당군을 압도했지만, 정부군은 힘을 전장에 집중할 수 없었으며 정부 통치 지역 내 치안 유지를 위해 상당수의 병사를 차출해야만 했다.

1947년 헌법 1946년 말 국민대회에서 채택되어 1947년 1월 1일에 공포된 1947년 헌법은, 그 조문 자체를 본다면 근현대 중국 헌정 사상 획기적인 헌법이었다. 미국 대통령 링컨의 연설에서 유래한 "인민의, 인민에 의한, 인민을 위한 민주공화국"을 선언하고 국민당의 우월한 지위를 인정하지 않았다(제1조). 법률안, 예산안, 대외 조약의 승인과 관련하여 책임내각제의 의회에 못지않은 강력한 권한을 입법원(立法院)에 보장했다(제63조). 사법의 독립을 포함한 삼권분립의 방책을 구체적으로 명기하는(제80조) 등 의회민주주의를 지탱하는 여러 규정이 1936년에 공포된 헌법초안(《오오헌초》五五憲草)보다 한층 강화되어 있었다. 또 언론 출판의 자유, 집회 결사의 자유, 생존권, 근로권, 재산권을 비롯하여 제10조에서 제21조까지 열거된 기본적 인권은, 사회질서와 공공의 이익에 반하지 않는 한 헌법으로 보장되며 법률로 규제될 수 없다고 되어 있다(제22조, 제23조). 이러한 내용은 20세기 초 이래 민주주의와 인권에 대한 누적된 토론에 바탕을 두고 있었고, 직접적으로는 항전 시기부터 전후에 이르기까지 헌정운동이 내건 요구를 반영한 것이었다.

물론 1947년 헌법이 대륙에서 시행된 시기는 짧았고, 당시 민중 생활에서 실제적 의미를 과대평가해서는 안 된다. 그러나 이 헌법에 따라 새로 선출된 입법원은 1948년 초부터 1949년 봄까지 짧은 기간이나마 활발하게 활동을 펼쳤다. 국민정부 당국은 자유무역주의 국제경제 질서를 배려하느라 관세율 인상에 신중했지만, 입법원은 국내 상공업자의 이익을 곧바로 반영하여 지극히 보호주의적인 높은 관세율 법안을 제정했다. 입법원은 또 면방직업 경영자나 면사·면포 상인의 여론을 대변하면서 정부의 면사·면포 통제를 축소하고 철폐시켰다. 또 국민정부의 농정(農政) 관료가 만든 토지개혁 법안에 대해서도, 국내 지주층의 이익을 옹호하는 입장에서 맹렬히 반대하여 결국 심의 절차를 끝내지 않았다. 이러한 여러 사례를 통해 알 수 있는 것은, 정책 방향성의 옳고 그름을 차치하더라도 입법원이 존재함으로써 유권자의 의향에 바탕을 둔 정치를 지향했다는 사실이다.

2·28 사건을 계기로 긴급사태 발생시 헌법 시행을 정지하는 계엄령이 실시되자, 그 후 헌법을 둘러싼 토론 열기는 수그러들었다. 그렇다고 1947년 헌법을 완전히 과거의 존재로만 치부하는 것은 적절하지 않다. 1987년에 계엄령이 철폐된 후 급속히 진전된 타이완 민주화는 법제상 이 헌법에 의해 열린 것이다. 앞으로 대륙에서 정치 민주화가 요구될 때도, 1949년 혁명으로 과거의 유물이 되어 버린 것처럼 보인 1947년 헌법의 의미가 새롭게 회고될 날이 올 것이다.

군사 면에서 본 국공내전

1946년 6월, 국민당과 공산당 양측 군대의 충돌이 전국 각지로 확대되었다. 당초 국민정부군은 430만 명의 병력을 보유하고 있었던 데 반해 공산당군은 127만 명 정도로 알려져, 정부군이 압도하고 있는 것처럼 보였다. 확실히 내전 첫 해

퇴각하고 있는 국민정부군 장교 1948년 가을 이후 국민정부의 군대는 완전히 무너지고 있었다. 장교의 얼굴에 피로와 상실감이 드러나 있다(산둥, 1949년 봄, *"China : A Photo History"* 사진 No. 41).

동안은 국민정부군이 공세를 취하고 공산당은 수세에 몰렸다. 1947년 3월에는 약 10년 동안 공산당의 본거지였던 옌안(延安)이 국민정부군에게 점령되고, 마오쩌둥을 비롯한 공산당 간부는 이후 산시 성(陝西省) 북부에서 산시 성(山西省), 허베이 성(河北省) 산악지대를 전전하면서 이동하게 되었다. 하지만 중국을 침공했던 일본군이 점과 선을 확보하는 데 그쳤던 것과 마찬가지로, 서전(緖戰)에서 국민정부군의 우위가 그들의 최종적 승리를 의미하지 않았다. 국민정부군은 각지의 중요 도시와 교통로를 확보하기 위해 병력을 분산 배치해야만 했다. 반면 공산당군은 국민정부군의 수비가 취약한 지역을 골라 거기에 병력을 집중하며 반격해 나갔다. 1948년 봄부터 여름까지 전세는 공산당군에게 유리하게 바뀌었다.

공산당군의 승리에는 군사적 측면에서 세 가지 요소가 작용하고 있었다. 우선 첫째로는 국민정부군이 들어오기 전에 중국 동북(東北) 지역에 병력을 집중하여 그 지역을 공산당군의 지배 아래 두기로 종전 직후에 결정했던 전략이 주효했던 것이다. 1945년 9월 17일 공산당 중앙은 동북 지역을 향해 북쪽으로 진군하고 남쪽에서는 방어만 한다는 '북진남방'(北進南防) 전략을 확정했다. 화북(華北)의 8로군(八路軍) 부대는 만리장성을 넘어 속속 동북 지방으로 들어가 동북민주연군(東北民主聯軍)이라고 칭했다. 화중(華中)의 신4군(新四軍)과 8로군 가운데, 남쪽으로 이동한 일부는 산둥 성 등 화북으로 이동했다. 이 시점에서는 공산당이 전국 정권을 장악한다는 전망을 하지 않았다. 다만 동북에서 화북에 걸쳐 공산당이 주도하는 지역 정권을 수립하는 것은 가능하다고 판단하고, 그 구상을 실현하고자 애쓰고 있었다. 동북에 들어가 소련군의 묵인 아래 구일본군의 장비를 손에 넣은 공산당군은 급속히 병력을 증강시킬 수 있었다.

　둘째로 농촌 지역의 토지혁명이 어느 정도 성과를 거두어, 농민의 지지를 얻고 병사를 확보하는 데 성공한 점이다. 공산당은 1946년 5월에 5·4지시(토지개혁의 전면적 수행을 지시한 중공 중앙의 1946년 5월 4일의 '토지문제에 관한 지시'—옮긴이)를 내린 것을 비롯해, 새로 지배하에 두게 된 '신해방구'에서 전시 중에 일본 제국주의에 협력한 지주의 토지를 몰수하여 소작농과 일반 농민에게 분배하는 정책을 실행하고 있었다. 그 결과 토지를 얻은 농민은 공산당을 지지하고 공산당 군대에 병력을 제공하는 데 협력했다. 하지만 1947년 10월, 국공내전의 전황이 공산당에게 불리하게 돌아가던 시점에서 제정된 토지법대강(土地法大綱)은 대일 협력자가 아닌 지주나 부농의 토지까지 모두 몰수하는 급진적 움직임을 만들어 냈다. 그런 지역에서 공산당은 오히려 농민의 지지를 잃게 되었다. 따라서 토지혁명이 가진 의미는 공산당이 훗날 스스로 주장한 것만큼 대단한 것은 아니었다.

세 번째는 국민정부 군대에 대한 정치 공작이 효과를 거두었던 점이다. 수많은 정부군 부대가 싸우지도 않고 공산당 측에 투항하여 공산당 군으로 귀속되기를 원했다. 특히 1948년 가을 이후 동북에서 화북, 화중에 걸친 광대한 지역에서 전개된 '3대전역'(三大戰役)이라는 전투에서는 이런 상황이 자주 나타났다. 앞에서 살펴보았듯이 국민정부가 정치 무대에서 패배했기 때문이었다.

**타이완의
2·28 사건**
중국이 승리의 날을 맞은 1945년은 타이완에게 식민지 지배로부터 해방을 의미했다. 포츠담선언을 수락한 일본이 반세기에 걸친 타이완 영유를 포기할 수밖에 없었기 때문이다. 중국군은 시민 30만 명의 환호를 받으며 타이완에 입성하였고, 타이완은 태평양 전구(戰區) 타이완 일본군의 항복식이 거행된 10월 25일을 오늘날에도 '광복절'로 기념하고 있다.

새로이 타이완을 통치하게 된 중국 국민정부는 초대 타이완 성 행정장관에, 바다 건너편 푸젠 성 행정 책임자를 맡은 경험이 있는 천이(陳儀)를 임명했다. 그런데 국민정부의 통치는 사람들의 기대를 크게 배신하는 것이었다. 행정기구의 중추는 대륙 출신 관료로 채워져, 8개 현과 9개 시의 장관 가운데 타이완 출신자는 세 명밖에 없었다. 식민지 시대의 경제기구는 타이완의 민간인들에게 불하되지 않고 정부가 접수해 버렸다. 당국은 타이완 사람들에게 익숙한 일본어 신문과 잡지를 모두 금지

영화 〈비정한 도시〉(悲情城市)의 무대 '소상하이식당'(小上海酒家) 타이완이 경험한 전후는 마을에서 식당을 경영하는 서민 일가의 운명까지도 휘저어 놓았다(영화 팸플릿에서).

하고, 중국어를 보급하여 철저하게 사용하도록 했다. 그것도 현지의 민남어(閩南語, 푸젠 성 남부 방언. 타이완 사람 가운데 약 80퍼센트는 푸젠 성 출신이다—옮긴이)가 아니라, '국어'(國語)라고 불리는 표준어인 중국어였다.

　이런 방침은 단기간에 새로운 통치 체제를 구축해야 할 필요성이 절박한 국민정부의 처지에서 보자면 나름의 근거가 있는 정책이었다. 하지만 타이완에서는 국민정부가 식민지였던 타이완 사람들을 신뢰하지 않는 것으로 받아들여졌다. 물가가 폭등하고 경제 통제 아래에서 식량이 부족한 상태가 계속되자, 정부의 통치에 대한 불만은 생활 면에서도 높아져갔다. 더구나 정부 관료나 병사 또는 상하이에서 찾아온 상인들 사이에 이권 쟁탈의 풍조가 심했던 것도 타이완 사람들의 반감을 증폭시켰다.

그런 와중에 발생한 것이 1947년 2·28 사건이다. 2월 27일 밤, 타이베이에서 담배를 파는 노점상 여성과 탈세품을 적발하던 전매국(專賣局) 직원 사이에 다툼이 일어났는데, 그 직원이 주위를 둘러싸고 항의하는 민중들을 향해 발포하여 한 사람이 사망하는 일이 발생했다. 이튿날, 지나치게 심한 단속에 반감을 품고 있던 민중들은 전매국에 몰려가 항의하고 타이완 성 행정장관 집무실이 있는 건물을 향해 행진을 시작했는데, 경계를 맡고 있던 병사들이 발포하여 또다시 사상자가 나왔다. 감정이 격해진 민중들은 방송국을 습격하여 점거하고 타이완 전역에 사건의 경위를 알리는 한편, 생활난에 항의하면서 관리의 부패를 규탄하고 정부 비판 행동을 전개하자고 호소했다. 이에 호응하여 타이완 곳곳에서 관공서를 습격하고 대륙 출신자를 폭행하는 움직임이 확산되었다.

정부 당국은 타이완 지식인과 유력자들에게 협력을 구해 사건 처리 위원회를 꾸리고 질서 회복에 나섰다. 그러나 사태가 진정되는 것처럼 보이던 3월 8일 새로이 대륙에서 파견된 국민정부 군대가 도착하여, 10일에 계엄령을 발동하고 무시무시한 무력 탄압을 시작했다. 탄압은 사건 처리 위원회 관계자까지 체포하여 처형시킬 정도로 가혹했고, 식민지 시대에 형성된 사회 지도층의 다수가 사라졌다. 그 결과 정권과 민중 사이뿐 아니라, 대륙 출신의 민중(외성인外省人)과 타이완인(본성인本省人) 사이에도 심각한 적대 감정이 남게 되었다. 사람들의 기억 속에 새겨진 2·28 사건은, 한 마을의 작은 식당을 무대로 그 경영자 가족의 운명을 그린 영화 〈비정한 도시〉(悲情城市, 허우샤오시엔侯孝賢 감독, 1989)에 생생하게 그려져 있다.

4. 동아시아의 냉전과 중국

소련 영향하의 중국 동북 지역 전후 중국의 변동은 동아시아 냉전 구조의 형성 과정을 빼놓고는 이해할 수 없다. 맨 처음 초점이 된 것은 일본이 세운 만주제국이 붕괴한 뒤 일시적이기는 해도 권력의 공백 지역이 된 중국 동북 지역의 귀추였다.

러시아 민족의 애국심에 호소하여 제2차 세계대전에서 승리한 소련은, 동아시아에서도 전후 안전보장을 확립하고 자국의 이권을 확대할 방책을 모색하고 있었다. 이미 1937년 소련은 일본에 이용당할 위험성이 있다고 보이는 극동 지역 거주 조선인을 중앙아시아나 카자흐스탄으로 강제 이주시켰다. 1945년 8월에 100만 병력을 동원하여 일거에 일본 관동군을 격파하고 중국 동북 지역을 점령한 소련은, 이를 계기로 국방력을 강화하고 새로운 이권을 확보하려고 했다.

이런 소련의 강력한 요구에 직면한 국민정부는 1945년 8월 모스크바에서 중소우호동맹조약을 맺어, 시베리아철도로 연결되는 중요한 수송로인 중동철도(中東鐵道)와 남만주철도(南滿洲鐵道, 만철), 군항인 뤼순(旅順) 항과 동북 최대의 무역항인 다롄(大連) 항을 두 나라가 공동으로

소련군의 동북 철수를 요구하는 민중들
중국 민중은 전쟁이 끝난 뒤에도 소련
군이 동북에 머무르며 이권 확보를 노
리던 상황에 반발했다(충칭, 1946년,
《影像民國 1927~1949》, 108쪽).

사용하는 것을 인정하는 등 소련 측에 양보하는 대신에, 동북에서 국민
정부의 주권을 확보하려 했다. 소련도 당초 이 조약을 준수하고 국민정
부에게 주권을 양도할 예정이었다.

그러나 중국공산당이 1945년 9월에 '북진남방' 전략을 결정하고 전후
혁명 근거지로 동북 지역을 목표로 정하면서부터, 사태는 새로운 전개를
보이게 되었다. 앞서 살펴보았듯이, '북진남방' 전략이란 항일전쟁 중 남
쪽에 있던 공산당군을 근거지 방어에 필요한 최소한의 숫자로 축소하는
대신(南防), 북방 특히 동북 지역으로 부대를 이동시켜(北進) 군의 주력
을 집중한 동북 지역에서 군사적·정치적 주도권을 장악하고, 독자적인
지방정권을 수립하려는 방침이었다. 동북을 점령하고 있던 소련군은 중
국공산당 군대의 동북 이동을 공식적으로 인정하지 않았을 뿐이지, 민간
인으로 위장하여 잠입하는 공산당군에게 일본군이 그대로 두고 간 대량
의 무기와 탄약을 비밀리에 넘겨주고 있었다.

소련군은 우순탄광(撫順炭鑛)과 안산제철소(鞍山製鐵所) 같은 만주국 시대에 일본이 발전시킨 생산 설비의 일부를 확보하려고 주둔을 연장하고 있었기에, 민중들 사이에서는 소련군 조기 철수를 요구하는 목소리가 높았다. 이런 와중에 1946년 1월에 장신푸 사건(張莘夫事件, 국민정부가 우순탄광을 접수하기 위해 파견한 조사단이 탄광에 주둔하고 있던 소련 측의 방해를 받고 돌아가는 길에 무장 집단의 습격을 받아 장신푸 등 사상자가 나온 사건)이 발생했다. 또 2월에는, 전년도 얄타비밀협정(소련이 동북 등지에서 권익을 확보하는 것을 미국과 영국이 승인한 협정)의 내용이 공개되면서 소련에 대한 중국 민중의 반감이 한층 커졌다.

국민정부군은 미국 공군 수송기까지 이용하면서 마침내 1945년 12월 선양(瀋陽), 창춘(長春) 같은 도시를 접수하게 된다. 그러나 그 즈음 공산당군은 벌써 동북 지역 북부를 중심으로 농촌과 지방 도시를 장악하고 있었다. 1946년 5월 3일 소련군이 중국 동북에서 완전 철수를 발표했을 때, 공산당군은 이미 구일본군(관동군)의 무기와 장비를 상당 부분 손에 넣음으로써 동북에서 지역 정권의 창설을 기대할 만한 역량을 보유하게 되었다.

일본이 침략한 동북에는 22만 명의 개척 농민을 포함하여 일본인 155만 명이 살고 있었다. 일본군이 패주한 뒤 전후 동북 지역의 질서 회복이 지체되고 국공 대립이 격화됨에 따라, 이러한 일본인 사이에 잔류 고아와 잔류 여성 문제를 낳게 되었다.

소련은 중국 국민정부와 외교 관계를 유지하면서도 실질적으로는 동북 지역에서 중국공산당의 지배가 확립되는 것을 묵인했다. 뒤에서 살펴보겠지만, 같은 시기에 한반도(원문은 조선반도, 모두 한반도로 옮김—옮긴이)에서도 소련은 반도 북부에서 자국 영향력 아래 새 정권을 수립하기 위한 준비를 하고 있었다. 전 세계적으로 미국과 소련 사이에 대립이 심화되는 가운데, 소련은 자국의 안전보장을 조금이라도 확실하게 확보해야 했다. 따라서 동북 지역에 세워질 가능성이 있는 중국공산당의 지역 정권이나 한반도 북부에 수립 준비가 진척되고 있던 조선 공산주의자들의 새 정권이, 마치 동유럽의 소련 위성국처럼 서방에 대한 완충벽 역할을 해주리라 기대했던 것이다.

미국 점령하의 일본 부흥

전후 미국이 주축이 된 점령군 통치 아래에 있던 일본의 동향도 중국의 향방에 큰 영향을 주었다. 처음에 중국은 일본과 강화조약을 맺어 중국이 당한 전쟁 피해를 변상받고, 일본한테서 전후 부흥을 위한 배상을 획득하는 데 큰 기대를 품고 있었다. 실제로 미국도 전쟁이 끝난 직후에는 일본의 군사력을 대폭 줄이고 중국의 전후 부흥을 도와 동아시아 정세를 안정시키기로 하고, 중국의 기대에 부응할 수 있도록 일본에 거액의 전후 배상을 부과하려는 방침을 시사했다. 그러나 전후 중국의 혼란이 장기화하고 공산당 세력이 증대하자, 미국은 점차 일본을 거점으로 삼아 소련에 대항하고 동아시아를 미국의 영향 아래에 두는 전략으로 나아가게 되었다.

이러한 전략 전환의 징조는 1947년에 나타나, 1948년 10월 국가안전보장회의의 결정과 11월의 대통령 선거를 거쳐 명확하게 드러났다. 새로운 전략은 소련이나 동유럽 국가들과 중국공산당의 위협에 대항할 장벽으로서 경제적으로 자립한 일본을 건설할 필요성을 강조했다. 그것을 위해 미국은 전후 대일 정책의 기본이었던 비군사화, 거액의 배상 의무 부가, 점령군의 경제 통제 같은 정책을 수정해야 한다고 제기했던 것이다. 1948년 11월 대통령 선거에서 재선에 성공한 트루먼 정권은, 반소 반공의 입장을 선명히 함으로써 공산당에 승리한 민주당 정권이었다. 곧 민주당 내에서 진보적 집단의 세력은 후퇴하게 되었다.

한편 1948년 6월에 중국원조법이 성립한 뒤에도 국민당 정권에 대한 미국의 원조는 제한적이었으며, 유럽에 대한 부흥 원조를 우선하는 자세로 일관했다. 1949년 8월 초에는 여전히 국민당 정권의 대륙 통치가 존속하고 있었다. 그럼에도 미국은 국민당 정권이 부패로 자멸하고 있다는 내용의《중국백서》(中國白書)를 발표하여, 중국 국민당의 정권 유지 능력에 포기 선언을 한 것이나 다름없는 태도를 표명했다. 1950년 1월에 연설한 딘 애치슨 새 국무장관은, 서태평양에서 미국의 방위선으로 일본과 류큐, 필리핀을 언급하면서 타이완과 한반도는 언급하지 않았다. 미국의 전후 동아시아 전략은 중국에서 일본으로 그 축을 크게 바꾸고 있었다.

이렇게 미국이 정책을 전환하면서 대일강화조약 체결을 위한 준비도 난항을 겪고 있었다. 1947년 7월 미국이 극동위원회 구성국으로 대일 강화 예비회담을 개최하자고 제안하자, 소련은 그 제안에 맞서서 소련·미국·영국·중국 네 나라가 강화조약 초안을 작성하자고 주장하며 양보하지 않았다. 미국과 소련 양쪽 모두 대일 강화의 주도권을 잡기에 유리한 방법을 찾으면서 강화를 서두르지 않았던 것이다. 조기에 대일 강화를 실현하기 위해, 미국과 소련 사이를 중재하고 나선 국민정부의 노력은 결국 1949년까지도 결실을 맺지 못했다. 일본에게 전후 배상으로 받은 것으로는, 일본이 항복할 때 중국에 있던 공장과 광산, 부동산, 금품 등 일본 측 자산을 중국 정부가 접수한 분량과, 전후 배상 전체에 관한 협의가 이루어질 때까지 잠정적으로 실시된 분량(중간 배상)이 있다. 그러나 중국이 획득할 예정이던 전후 배상금은 미국이 일본의 전후 부흥을 우선하는 입장으로 동아시아 정책을 전환한 결과 액수가 대폭 줄어들었다.

찢겨진 한반도　타이완과 마찬가지로 조선도 일본의 식민지 지배에서 해방되어 독립을 되찾았다. 하지만 조선에서는 독립을 담당할 정치체제를 누가 어떻게 수립할 것인가 하는 쉽지 않은 문제가 눈앞에 놓여 있었다. 거기에 미국과 소련의 대립이 겹쳐 전후 조선은 분열되어 갔다.

일본이 항복을 선언하고 이튿날인 1945년 8월 16일, 여운형 등이 주도한 조선건국준비위원회가 결성되어 서둘러 치안 유지를 담당하게 되었다. 9월 6일에는 이 위원회를 중심으로 여러 정치 세력이 결집하여 조선인민공화국의 성립도 선언되었다. 그러나 미국과 소련을 비롯한 각국의 지지를 얻지 못하면서 전후 최초의 독립 정권 수립 시도는 좌절되고 말았다.

한편 일본이 항복한 뒤 조선 통치에 관하여 협의하고 있던 미국·영국·소련·중국 네 나라는 1945년 9월 2일, 우선 북위 38도선을 경계로 북쪽을 소련군이 남쪽을 미군이 통치하기로 결정했다. 또 12월에 모스크바에서 열린 미국·영국·소련 세 나라 외상회의(모스크바3상회의—옮긴이)에서 5년 동안 4개국에 의한 유엔 신탁통치를 실시한다는 방침이 결정되었다. 완전한 독립을 실시할 때까지 신탁통치 기간을 둔다는 안은 원래 필리핀의 사례를 염두에 둔 미국 루스벨트 대통령이 품고 있던 구상이라고 한다. 이런 결정을 두고 조선 국내의 민족주의 세력은 "제국주의 지배를 연장시켜 독립을 미루는 것"이라며 유엔 신탁통치 안에 강하게 반대했다. 한편 소련에 가까운 사회주의 세력은 4개국의 원조 아래 임시정부 수립을 목표로 하는 것이 불가피하다는 태도를 표명했다. 미국이 기대하고 있던 민족주의 세력은 신탁통치 안을 지지하지 않고, 거꾸로 미국과 대립하고 있던 세력이 신탁통치 안을 지지하는 복잡한 상황이 연출되고 말았다. 게다가 신탁통치 안을 구체화하는 작업은 미국과 소련이 강하게 대립하는 바람에 진전되지 못하고, 1947년 여름까지 신탁통치 안은 실현 불가능한 상태에 빠졌다.

이리하여 전후 통치 체제에 관한 일치된 전망을 내놓지 못하는 와중에, 남쪽의 민족주의 세력은 1946년 2월 14일 전남조선대한국민대표민주의원(민주의원)을 결성하고 사회주의 세력은 그다음 날 일부 민족주의 세력도 포괄하여 조선민주주의민족전선(민전)을 결성하기에 이르렀다. 12월 12일에는 남조선과도입법의원이 성립했다. 1919년 3·1운동 직후에 상하이 조계에서 설립되어 중일전쟁 중에는 충칭에서 활동을 계속하던 대한민국임시정부의 주요 멤버도 여기에 합류했다. 그 사이에 북쪽에서는 그해 2월 8일 소련군의 지지를 받고 김일성을 비롯한 공산주의자들이 북조선임시인민위원회를 발족하여 활동에 들어갔다. 최종적으로 소련이 한반도 북부에 독자 정권을 수립하기로 방침을 굳힌 것은 그해 여름 즈음이었다고 한다.

결국 미국과 소련의 각축 속에서 한반도에는 통일된 독립 정권이 수립되지 못하고, 남과 북에서 따로따로 정권 수립 작업이 이어지게 되었다. 1948년 8월 15일 민족주의자들이 주도하여 남쪽에서 대한민국(이하 한국)이 수립되고, 그해 9월 9일에는 공산주의자들이 주도하여 북쪽에 조선민주주의인민공화국이 수립되었다. 이렇게 해서 한반도를 갈라놓은 분단 시대가 시작되었다. 중국 입장에서 보자면, 중국공산당이 동북 지역에서 지배를 확립한 1948년에 바로 이웃한 한반도 북부에서도 공산주의자가 주도하는 새로운 국가가 탄생한 것이다. 중국 국민정부 통치 지역에서는 복잡한 반응이 퍼져 나갔다.

벽에 부닥친 중국의 외교 전후 국민정부는 외교에서도 커다란 난관에 봉착했다. 제 2차 세계대전에서 승리한 연합군 진영에 균열이 생겨나고 미국과 소련의 대립이 표면화된 결과, 중국 외교의 앞날에 갖가지 장애가 출현했기 때문이다.

전후 중국이 외교에서 최우선 과제로 삼은 것은, 전쟁의 참화를 딛고 부흥하여 국내 통일을 회복하기 위해 세계 각국에서 지원을 얻는 일이 었다. 국민정부는 제2차 세계대전 때부터 중국을 원조해 온 미국이 지원을 대폭 늘려 줄 것을 기대했다. 이와 함께 소련에 대해서도 중소우호동맹조약의 체결에 입각하여 교섭을 거듭하여, 동북에서 중국의 주권을 조기 회복시키고 동북 경제를 재건하기 위해 협력하자고 요청했다. 하지만 앞서 살펴본 대로 소련의 협력을 충분히 얻지 못하는 상황이 벌어졌다. 미국을 중심으로 하는 유엔 원조는 구제부흥사업국(UNRRA)을 통해 실시되었다고는 해도, 1946~1948년 총액 4억3,300만 달러 지원은 기대했던 규모에 비하면 많은 게 아니었다. 게다가 내용에서도 식량과 농업 부흥, 의료교육 부문에 한정되어 있었다. 거듭되는 국민정부의 요청을 받은 미국 의회는 1948년 4월, 마침내 4억6,300만 달러의 독자적인 중국 원조를 포함한 대외원조법을 가결했다. 그러나 이 금액은 친국민정부파 의원들이 주장한 13억5천 달러의 3분의 1밖에 되지 않았다. 서유럽 부흥을 위해 미국이 실시한 마셜플랜이 1948~1951년 총액 132억 달러에 이르렀던 것에 견주면 너무 적은 금액이었다. 미국의 여론은 독재 성향이 강해지던 중국 국민정부에 거리를 두게 되었고, 유럽에서 소련의 세력 확대에 맞서 서유럽 부흥에 중점을 두는 정책을 지지했다.

전후 중국 외교의 두 번째 과제는 식민지였던 홍콩과 타이완을 되찾아 중국 영토를 회복하는 것이었다. 그러나 일본군 점령에서 해방된 홍콩을 중국에 반환하는 문제는 끝내 실현을 보지 못했다. 본래 종주국이던 영국이 이권을 계속 지킨다는 입장에서 홍콩 반환을 강경하게 반대했기 때문이다. 비교적 순조롭게 진행되는 것처럼 보이던 타이완 접수 작업도 타이완 주민과 큰 알력을 낳아, 2·28 사건이라는 참화를 불러왔다. 또한 주변 지역에서는 영국을 배후에 두고 티베트 지방정부가 독립하려는 움직임이 커졌고, 신장(新疆)에서는 소련과 제휴하여 동투르키스탄공화국을 창설하려는 이슬람계 주민의 운동이 활발해지는 등 예측 불허의 사태가 나타나고 있었다. 국민정부가 지향한 영토 회복의 과제는 충분한 성과를 거두지 못하고 오히려 새로운 난제에 직면하게 되었다.

세 번째로 큰 외교 과제는 일본과 강화조약을 맺어, 중국이 당한 전쟁 피해를 변상받고 전후 부흥을 위한 배상을 획득하는 것이었다. 그러나 이 과제도, 미국이 일본의 전후 부흥을 우선하는 태도로 동아시아 정책을 전환한 결과 대폭 감액되었다.

경제정책에 실패하고 정치적 고립이 심화되어 가던 국민정부는, 국제 환경의 격변에 농락당하여 외교에서도 충분한 성과를 얻지 못한 채 그 존립 기반마저도 약화되었다.

**1949년의
정권 교체**

1948년부터 1949년까지 공산당은 국민정부에 군사적 승리를 거두면서 지역 정권을 수립해 나갔다. 1948년 9월 화북인민정부(華北人民政府)에 이어 1949년 3월에 중원인민정부(中原人民政府, 허난, 후베이, 후난, 장시, 광둥, 광시 여섯 성을 관할했다)가 수립되었고, 그해 8월에는 동북인민정부(東北人民政府)가 성립했다. 동북 지역의 경우 개별 도시 수준에서는 이미 1945년 말부터 공산당이 지방 정권 수립을 계획함으로써 그 뒤로 국민정부와 권력 다툼이 벌어지고 있었으며, 1947년 5월에는 동북에 인접한 내몽골 지역에서 내몽골자치정부(內蒙古自治政府)의 성립을 선언했다. 한편 1949년 3월에 국민정부의 수도 난징이, 다시 4월에는 경제 중심지 상하이까지 공산당 군대에 점령되었다. 그 뒤 서남지구(西南地區)에서는 대세를 눈치 챈 각지의 정치 세력과 군대가 공산당 쪽으로 갈아타는 움직임이 이어져, 그해 10월 14일에는 광저우마저 공산당 정권 아래로 들어갔다.

확실하게 군사적·정치적으로 지배 지역을 넓혀 가고 있던 공산당은 1949년 10월 1일 국민당 정권 타도를 목표로 제휴를 강화한 여타 정치세력과 함께, 베이징에서 중화인민공화국의 성립을 선포했다. 이 정권 교체로 전면적인 변화가 일어난 영역도 있지만, 새 정권이 그때까지 유지해 오던 기반을 계승한 영역도 있었다. 따라서 오늘날 우리가 그 시기를 되돌아볼 때, 연속과 비연속이라는 복잡한 교착(交錯)에 주의하지 않으면 안 된다. 새 정권이 직면한 여러 문제에 대해서는 장을 바꾸어 살펴보기로 한다.

한편 존망의 위기에 처한 국민당 정권은, 1949년 1월에 장제스가 하야하고 새로 중화민국 대리총통이 된 리쭝런(李宗仁)의 지도 아래에서 공산당 세력과 타협할 가능성을 찾으면서 생존의 길을 모색했다. 국민당은 난징과 상하이를 잃게 되자 마지막에는 광저우로 옮겨서 저항을 계속하려고 하였다. 하지만 10월에는 광저우마저 함락되기에 이른다. 그리하여 1949년 12월 7일까지 국민당 정권의 중앙정부와 국민당의 주요 기구는 타이베이로 옮기고 타이완에서 통치를 이어 가게 되었다. 사실 장제스를 비롯한 국민당 정권의 중추는, 동북에서 국공내전의 형세가 명확해진 1948년 가을부터 이미 대륙 철수를 준비하고 있었다. 패배가 불가피하다고 사태를 예측하고 공군 정예부대 일부 등을 서서히 타이완으로 옮기고 있었던 것이다.

그런데 1949년 말 전망이 불투명해지자 대리총통 리쭝런은 (타이완이 아닌— 옮긴이) 미국으로 망명했다. 그 밖에도 수많은 국민당 정권 관계자가 홍콩이나 미국으로 탈출했으며, 서남 지역의 정세에서 알 수 있듯이 국민당계 군대나 정치 세력이 대거 공산당 정권에 합류하는 움직임도 적잖이 나타나고 있었다. 따라서 타이완으로 물러난 이들은 국민당 정권에서도 일부 인사에 한정되었다. 그래도 정권 관계자 이외에 수많은 상공업자와 일반 민중들이 타이완으로 옮겨 갔다. 공산당 정권 아래에서 사회주의가 실행될 경우 사유재산과 민간 기업이 몰수되어 국유화되는 것은 아닐까 불안을 느끼는 자산가나 상공업자가 적지 않았다. 국민당 정권의 행정기구나 군대에 자신이나 가족이 근무하던 사람들도 공산당 정권 아래에서는 불리한 처지에 놓일 것이라 걱정했다. 타이완에서는 외성인(外省人)이라고 불리게 된 대륙 이주자들이 60만 군대를 포함하여 적어도 100만 명 이상, 일설에는 200만 명에 이른다고 한다.

대륙에 머물 수도 없고 그렇다고 타이완에 가는 것도 내키지 않은 중산계급 이상의 중국인 가운데에는 홍콩이나 외국으로 이주한 사람들이 있었다. 특히 영국의 식민지였던 홍콩은 정치적·사회적으로 안정되어 있었고 경제적으로 성공할 기회도 많다고 여겨졌다. 그래서 상하이나 강남 지역의 상당수 사업가나 기업 경영자, 기술자, 문화예술인들이 이주하여, 전후 홍콩의 경제적·사회적 발전을 이루게 되는 바탕이 되기도 했다.

2장

냉전 속의 국가 건설

제1회 전국인민대표대회(1954) 기념우표 중화인민공화국은 소련을 모델로 사회주의하에서 공업화를 추진한다는 방침을 명확히 했다.

1. 인민공화국의 성립

신민주주의 혁명   인민공화국이 처음부터 사회주의를 지향한 것은 아니다. 적어도 1949년 10월 1일 중화인민공화국이 성립을 선언했을 때, 건국이념으로 내건 것은 전날까지 열린 중국인민정치협상회의(中國人民政治協商會議, '인민정협'으로 줄임)가 채택한 공동강령이었다. 거기에는 "중국의 독립과 민주, 평화, 통일, 부강"을 목표로 "인민민주주의 국가"를 수립하고(제1조), "신민주주의의 인민 경제를 발전시킨다"(제2조)는 표현이 있을 뿐 사회주의를 목표로 한다고는 적혀 있지 않았다. 문장만 본다면 인민공화국이 건국될 때 여러 정치 세력 사이에 사회주의 정권 수립을 둘러싸고 의견이 일치한 것은 아니었음은 명백하다. 국가에는 항일전쟁 시기에 애창되던 〈의용군행진곡〉(톈한田漢 작사, 녜얼聶耳 작곡)이 채택되었다.

    다만 인민민주주의 내지 신민주주의의 내용으로(인민정협 공동강령 제1조) "노동자계급이 지도하고 노농동맹을 바탕으로 여러 민주적인 계급과 국내 각 민족을 결집한 인민민주주의 독재를 실행"하고, "제국주의와 봉건주의, 관료자본주의에 반대"한다고 선언함으로써, 공산당의 주도권

중화인민공화국 성립 선언 공산당 간부와 민주당파 지도자에 둘러싸여 인민공화국의 성립을 선언하는 마오쩌둥(베이징, 1949년 10월,《第二次國共合作》사진, No. 582).

을 반영하는 느낌이 짙다. '노동자계급의 지도'란 바로 노동자계급의 전위를 자임하는 공산당이 지도권을 장악하는 것이었다. 주권자인 '여러 민주적인 계급'인 "노동자계급과 농민계급, 소부르주아지, 민족 부르주아지, 기타 애국적 민주분자"에 누가 포함되고 누가 제외되는지 결정하는 가장 중요한 작업은 공산당이 정한 방식으로 하게 되어 있었다. 새 국기인 '오성홍기'는 붉은 바탕 왼쪽 위에 유난히 빛나는 큰 별을 배치했는데 그것은 공산당을 상징한다. 그 둘레 작은 별 네 개는 노동자계급을 비롯한 네 부류의 '민주적 계급'을 상징한다. 그 무렵 소련의 영향 아래 동유럽에 성립한 여러 공산당 주도의 정권들도 처음에는 인민민주주의를 표방하고 있었다는 점, 이 국가들이 빠른 시일 안에 사회주의를 목표로 삼게 되었다는 점도 주의해야 할 것이다.

건국할 당시의 국가기구를 보면, 인민공화국 부주석 6명 가운데 쑨원의 부인 쑹칭링(宋慶齡), 민주동맹의 장란(張瀾), 국민당 혁명위원회의

리지선(李濟深) 세 사람은 공산당 인사가 아니었다. 각 성청(省廳)의 장관에는 민주당파가, 부책임자에는 공산당원이 취임하는 패턴이 많았고, 공산당이 모든 것을 도맡아 하는 것으로 보이는 체제는 의식적으로 피했다.

지방정부 조직에서도 마찬가지 경향이 나타난다. 얼핏 보면 청조를 타도하고 중화민국을 수립한 1911년 신해혁명 때, 성청 장관에는 청의 개혁파 세력이던 입헌파가 취임하고 부책임자로 혁명파가 취임했던 상황과 비슷하다. 신해혁명 당시 상황은 현실 정치의 힘 관계가 반영된 결과였다. 하지만 1949년 혁명의 경우 실권은 대부분 공산당이 장악했으면서도 정권 밖의 일반 사회에 대해서 당외(黨外, 공산당 이외—옮긴이) 세력이 존중받고 있음을 과시하고, 당외 세력들한테서 새 정권이 신뢰와 협력을 얻어 내기 위한 방책으로서 이런 체제가 채용된 면이 강하다. 실제로 그 후 공산당이 사회주의로 조기 이행에 착수하고, 특히 1957년에 잠재적인 정권 비판자를 적발하는 '반우파' 투쟁을 전개하면서 당외 세력 대부분은 정권 밖으로 배제되었다.

민중의 기대와 경계　　중국 민중들은 공산당 정권의 성립을 기대와 경계를 품고 지켜보았다. 국민당 정권의 경제정책 실패와 통치 파탄이 너무나 분명했기 때문에 새로운 정권의 발족에 대한 기대감이 부푼 것은 사실이다. 도시로 온 공산당군의 군기가 잘 잡혀 있던 것도 도시 민중에게 호감을 준 요인이었다.

경제 면에서는 1950년 중앙정부 아래에 재정경제위원회라는 거대한 기구가 조직되어, 전쟁과 전후 혼란으로 황폐해진 국민경제를 회복시키

공산당군의 충칭 입성을 지켜보고 있는 민중들 처음 보는 공산당군의 모습을 서남 지역의 도시 민중은 긴장한 모습으로 지켜보았다(충칭, 1949년,《近代化への道程》, 26쪽).

는 것을 가장 중요한 과제로 삼았다. 그러기 위해서 생산력을 회복하고 인플레이션을 억제하여 유통기구와 통화제도를 재건하는 것을 최우선 으로 삼았으며, 세금을 감면하고 대출 이자를 인하하며 민간 기업과 시 장경제의 활성화를 중시하는 정책을 채택했다. 당시 최대 산업인 면방직 업에 대해서는, 정부가 원료인 면화를 확보해서 민간 기업에 제공하여 면사를 위탁 생산하는 지원책을 실시했다. 중앙정부의 재정경제위원회 에는 동북에서 경제 운영 경험을 쌓은 공산당 간부와 자원위원회 같은 요직에 있었던 국민정부 시대의 전문가를 다수 등용하여, 양자가 협력하 여 경제 운영을 담당하기를 바랐다.

나라 밖에 있던 화교나 유학생에게도 귀국해서 경제 부흥에 협력해 달라고 호소했다. 실제 그 무렵 공산당 간부 중에는 농촌 출신이 많았기

혼인법 시행 이후에 열린 결혼식 혼인법 시행으로 수많은 농민들이 자유롭게 간소한 결혼식을 올리게 되었다.

때문에, 그들에게 근대 기업과 도시의 경제 운영은 너무 어려운 일이었다. 국민정부 시대의 국영기업은 계승했지만, 새로 국영기업을 증강하고 계획경제를 추진한다는 구상은 아직 제기되지 않았다. 민간 기업과 시장 경제가 활기를 되찾으면서, 1950년 봄에는 경제 상황이 좋아지는 징후가 나타났다. 민간 기업과 공산당원 이외의 전문가의 협력이 필수적인 여러 정책을 원활하게 추진하려면, 사회주의화를 서두르는 듯한 전망은 드러내 놓고 말할 수 없었던 것이다.

농촌에서는 1950년에 제정된 토지개혁법에 기초하여 토지개혁이 실시되었다. 1953년까지 지주들한테서 약 7억 무(畝, 약 47만 제곱킬로미터)의 토지를 몰수하여, 3억 명에 달하는 일반 농민들에게 분배했다. 지금까지 지주한테 토지를 빌려 소작농으로 경작하던가, 아니면 농업 노동자로 일할 수밖에 없었던 가난한 농민들은 새로이 토지를 준 새 정권을 지지하게 되었다. 또 그해 5월에 공포하고 시행된 혼인법은 남녀평등과 개인의 자유의지에 따른 결혼의 보급을 촉진하여 중국 사회를 크게 변화

지주를 추궁하고 있는 농민 공산당은 농민이 지주를 비판하는 집회를 각지에서 조직하여 토지개혁을 추진하는 계기로 삼았다(후베이의 농촌,《近代化への道程》, 33쪽).

시켰다. 혼인법은 여성에게만 환영받은 것이 아니라, 예로부터 내려오던 사회 관습으로는 (막대한 결혼 준비금이 드는) 결혼을 꿈꿀 수도 없었던 가난한 남성들도 지지했다.

　그렇다고 공산당이 민중들로부터 압도적인 지지를 받은 것은 아니다. 당분간은 사회주의 실현을 서둘지 않겠다고 설명했지만, 사회주의를 이념으로 내건 정당이 정권을 장악했다는 사실은 민간 기업 경영자들을 불안감에 떨게 했다. 실제 공산당군이 점령한 일부 도시에서는 중소기업 자산까지 몰수하는 반(反)자본주의 정책이 실시된 경우가 있다. 따라서 홍콩이나 타이완으로 자금과 기술, 인재가 이동하여 대륙 경제에서 민간 기업이 차지하는 비중은 급속히 낮아지고 있었다. 이미 1946~1947년부터 전후 대륙 경제의 혼란을 피해 이러한 움직임이 일기 시작했지만, 특히 1948년 후반 이후에 민간 기업 활동을 규제하고 사유재산을 몰수할 우려가 있는 공산당 정권의 성립을 경계하여, 자금과 기술, 인재의 해외 유출이 속도를 더하고 있었던 것이다.

한편 계획 통제경제를 중시하면서 과거 국민정부 자원위원회 계열의 국영기업 운영을 담당하던 멤버들이, 전문가로서 인민공화국 경제 운영에 상당수 참여하여 협력했다는 점은 유의해야 한다. 즉 성립기의 인민공화국은 이념적으로는 경제 운영에 민간 기업 및 공산당원이 아닌 전문가의 협력을 구하고 시장경제 기구를 적극적으로 활용하려고 했다. 그렇지만 실제로 이러한 융화 정책은 쉽지 않았으며, 계획 통제경제에 의존하려는 경향이 커질 수 있는 조건이 존재했다.

농촌에서 실시된 토지개혁도 그 과정에서 많은 문제가 생겨났다. 특히 토지 몰수의 대상이 된 지주에 대한 판정 기준이 명확하지 않았고, 자작농으로서 보호되어야 할 농민들의 토지까지 몰수되는 경우가 많았다. 또 "지주의 과거 악행을 폭로한다"며 사법제도에 의거하지 않고 농민의 고발에 따라 지주를 제재하고 처형까지 하는 사례가 나타나 오히려 농업 생산의 확대에 부정적인 영향을 끼쳤다.

중소우호동맹 상호원조조약 중화인민공화국이 성립하자, 소련을 비롯한 불가리아, 동독 등 동유럽 국가들은 곧바로 중화인민공화국을 승인하고 외교 관계 수립을 희망한다고 표명했고, 중국은 이들과 잇따라 외교 관계를 수립했다. 이른바 동서 냉전이라는 국제 정세 아래에서 서유럽과 미국 등 서방 진영이 아니라, 소련을 비롯한 동유럽 진영에 가담하여 주로 그쪽에서 오는 지원에 기대어 국가 건설을 추진

굳은 표정으로 나란히 앉은 마오쩌둥과 스탈린 마침내 우호동맹조약을 조인하는 데 성공했다고
는 해도 중국과 소련 사이에는 날카로운 대립이 존재했다.

하는 방향을 선택한 것이다. 이런 방침에 관해서는 중국 스스로 "소련 일
변도"라는 표현까지 써서 분명히 했다.

 따라서 인민공화국 정부에게 중요한 첫 외교 과제는 소련과 새로 동
맹조약을 체결하여 안전보장과 경제원조의 내용을 구체적으로 결정하
는 일이었다. 그 때문에 새 정권 수립 직후 국가주석 마오쩌둥이 직접 모
스크바로 가서 소련과 교섭을 진행했다. 하지만 교섭은 난항을 겪었다.
결국 마오쩌둥의 모스크바 체류는 이례적으로 석 달씩이나 장기화되었
고, 1950년 2월 14일에야 중소우호동맹상호원조조약이 체결되었다. 중
국은 소련과 군사동맹 관계를 맺어 안전을 확보하고, 또 소련으로부터
발전소와 철도, 기계설비 등 금액으로 환산하면 3억 달러나 되는 유상
차관을 얻었다. 국민당 정권이 소련과 맺은 1945년 중소우호동맹조약에
서 소련의 공동 사용권을 규정한 중동철도와 남만주철도(둘을 합쳐서 창
춘철도長春鐵道로 개칭), 뤼순 항과 다롄 항은 모두 중국에 반환하기로 약
속했다. 그렇지만 신장(新疆)의 자원 개발이나 동북의 조선 사업 등에서

소련 쪽에 새로운 이권과 특혜 조치를 인정해 주어야 했기 때문에, 주권 회복에 방해를 받은 중국으로서는 불만이 남게 되었다.

한편, 인민공화국 정부는 과거에 양국 사이에 맺은 조약을 모두 폐기한다고 발표하고, 미국이나 영국 등 다른 국가들과도 일반적인 외교 관계를 맺을 준비를 하고 있었다. 그러자 홍콩 영유를 포함하여 동아시아에 많은 이권을 갖고 있던 영국 정부는 1950년 1월 6일에 중화인민공화국을 승인하고, 그해 6월에는 유엔에서 인민공화국의 대표권을 지지하겠다는 태도를 표명함으로써 외교 관계를 수립하기 위한 교섭을 시작했다. 타이완으로 옮겨 간 국민당 정권과 관계를 더 앞세워 오던 미국 정부도 중국과의 민간무역에 대해서는 용인하는 자세를 보였다. 하지만 이러한 초기의 비교적 안정된 국제 환경은, 뒤에서 살펴보겠지만 1950년 6월에 한국전쟁(원문은 조선전쟁―옮긴이)이 발발함에 따라 완전히 달라진다.

주변부의
통합과 마찰
인민공화국은 이웃 국가들과 맞대고 있는 국경 지대에 펼쳐진 신장, 내몽골, 티베트 등 주변부에 대한 통치를 강화하는 데 주력했다. 국민당 정권 말기에 이르러 중앙의 구심력이 약화되어, 신해혁명 때처럼 주변부 민족들의 독립 움직임이 활발해졌기 때문이다. 1944년 말부터 1946년까지 중앙아시아의 신장 지역에는 동투르키스탄공화국이 존속했으며, 1945년 8월에는 내몽골과 외몽골을 통합하자는 운동이 재개되었다. 또한 1949년 7월에는 티베트 지방정부가 독립을 겨냥하여 국민정부 요원들을 퇴거시켰다.

이러한 움직임에 대해 중국공산당은 우선 소련의 힘을 빌려, 동투르키스탄공화국 정부를 수립하고 있던 세력과 협의를 거듭한 끝에 그들을 중국의 영토 내로 통합하는 데 성공했다. 공화국의 영역은 중소 국경에 인접한 신장 북부의 일리, 타르바가타이, 알타이 세 지구에 걸쳐 있었다. 이 정부는 원래 제2차 세계대전 말기에 신장까지 전시 동원 태세가 강화되면서 군마 징발과 생활 궁핍에 불만을 품은 카자흐인과 위구르인 등이 이슬람 연대 의식을 바탕으로, 소련과 관계를 맺고 있던 여러 세력의 협력을 얻어서 무장봉기를 일으켜 만든 혁명 잠정정권이었다(3구혁명三區革命). 그러나 1945년 8월에 체결된 중소우호동맹조약으로 몽골에 대해서는 소련 쪽 주장이, 신장에 대해서는 중국 쪽 주장이 받아들여지면서, 공화국 정부는 1946년 6월에 해소되고 그 정부 세력과 중국 국민정부 신장 성 정부의 연립정부가 새로 태어났다. 하지만 연립정부는 안정을 찾지 못했다. 동투르키스탄공화국을 구성했던 세력은 다시 1947년 말 독자적인 재정과 법제를 갖춘 지방정권(3구정권)을 조직하기에 이른다. 이에 대해 중국공산당은 자치 존중을 조건으로 인민공화국에 참가하도록 교섭을 거듭하여 최종적으로는 거의 합의점에 도달했다. 그러나 1949년 8월 말 베이징으로 가던 3구정권의 지도자들이 비행기 사고로 사망하는 등 교섭의 상세한 경위에는 불분명한 점이 많이 남아 있다.

　일본의 '만주국' 통치 아래 놓여 있던 내몽골 동부 지역에서는, 일본 패전 전야인 1945년 8월 만주국을 공격한 소련군과 몽골인민공화국군에 호응하여, 내몽골인민혁명당을 자칭하며 무장봉기를 한 세력이 있었다. 그들은 몽골인민공화국으로 독립해 있던 외몽골과 중국의 영토에 남아 있던 내몽골을 통합하여 광대한 몽골국을 수립하는 꿈을 꾸었다. 그러나 중국이 정식으로 몽골인민공화국을 승인하려는 절차가 진행되고 있었기 때문에 몽골인민공화국은 내몽골의 움직임에 응하지 않았다. 이

티베트로 들어가고 있는 중국군 중국군의 진주는 티베트에 대한 중앙정부의 통제를 크게 강화했다(1951년 10월,《近代化への道程》, 30~31쪽).

미 중소우호동맹조약이 맺어져, 신장 지역에 대해서는 중국 측 주권을 인정하는 대신에 몽골 지역에 대해서는 소련 측 주장을 인정하고 있었다. 이러한 국제적 틀 속에서 내몽골이 중국에서 분리 독립할 여지는 거의 없는 것이나 마찬가지였다. 그 뒤 1946년 2월부터 5월까지 내몽골 상층부 세력과 함께 새 내몽골인민혁명당이 동몽골 자치정부라는 지방 정권을 조직하려는 움직임이 나타났다. 하지만 최종적으로는 중국공산당의 영향이 강한 내몽골자치운동연합회의 구성원을 중심으로 1947년 5월 내몽골 자치정부(內蒙古自治政府)가 발족하여, 독립이 아니라 중국 내에서 자치를 유지하며 중화인민공화국에 합류하기로 했다.

티베트에 대해서는 1950년 10월에 티베트 동부 참도(Qamdo, 창두昌都) 지역에 군대를 파견하고, 이어 1951년 5월 베이징에 모인 각지의 티베트 측 대표와 17개조 협정을 맺어 통합 방침을 명확히 했다. 또 소련 공군의 원조를 얻어 그해 10월까지는 중국군의 티베트 진주가 완료되었다. 하지만 1만6천 명에 이르는 장병들의 생활을 책임지는 일은 티베트 사회에 큰 부담이 되었고, 또 무력을 배경으로 한 강제적 통치에 대한 반감이 확산되었다. 1952년 봄에는 불교 사원 상인들이 중심이 된 조직으로 티베트 사회 상층부의 지원을 얻은 인민회의가 17개조 협정 반대, 중국군 철수를 요구하며 2천 명 규모의 시위를 벌이는 사건이 일어났다. 달라이 라마 정권은 공산당 정권의 압력을 받아 관련자를 처벌하고 인민회의를 불법화했다. 일단은 사태가 진정되었지만 문제는 해결되지 못한 채 남아 있었다.

한편 이 즈음 남아시아에서 동남아시아에 걸친 지역에서는, 영국이 중심이 되어 신흥 독립국의 발전을 경제적으로 원조하려는 '콜롬보 계획'이 시작되었다. 1950년 1월에 제기되어 1951년 7월에 정식으로 발족한 이 계획의 목적 가운데 하나는 동서 냉전 아래에서 신흥 독립국을 서방 진영에 확실히 붙잡아 두고, 소련이나 중국의 영향력이 이 지역에 확산되는 것을 막는 것이었다. 중국이 보기에 콜롬보 계획은 제국주의의 새로운 책동일 뿐이었다. 중국이 티베트에 대해 시종일관 강경 통치 방침을 취하고 소련도 지원한 배경에는 이와 같은 국제 정세의 전개 역시 영향을 주고 있었다.

2. 한국전쟁의 충격

불을 뿜은 38도선   남북 대립이 굳어지는 것처럼 보이던 한반도에서는, 1950년 6월 25일 조선인민군이 38도선을 넘어 공격을 개시하면서 한국전쟁이 발발했다. 중국혁명의 성공에 고무된 김일성은 남북 무력통일을 목표로 했고, 반년쯤 전에 상담을 받은 소련은 북한의 강한 의지에 계획을 승인했다. 일의 성패를 걱정하던 중국도 대외 전쟁이 아니라 국내 통일을 위한 혁명전쟁이라는 북한의 주장에 무력통일 계획을 추인할 수밖에 없었다.

전쟁 초기, 계획대로 진격한 인민군은 한국군과 미군을 압도하고 부산 부근까지 압박했다. 미국은 유엔 안전보장이사회에서 북한을 비난하면서 유엔군의 조직을 결의하고 대군을 투입해 반격에 나섰다. 1950년 9월 유엔군이 인천 상륙을 강행하여 성공하자, 보급선이 지나치게 길어져 버린 인민군은 눈사태가 나듯 한꺼번에 패주했다. 하지만 그해 10월 유엔군이 38도선을 넘어 북상하여 인민군을 중국 국경인 압록강 근처까지 몰아넣었을 때, 추격하던 유엔군의 눈앞에 중국군이 나타났다. 중국 인민지원군이라 칭하며 한반도에 들어온 중국의 대군은 북한을 지원하

얼어붙은 압록강을 건너 북한에 들어가고 있는 중국군 중국은 1950년 10월에 한국전쟁에 참전한 뒤 증원 부대를 속속 파견했다(1951년 2월, 《近代化への道程》, 35쪽).

며 작전을 개시하였다.

참전은 중국 스스로도 예상하지 못한 일이었다. 전쟁이 시작되었다는 첫 소식이 들려왔을 시점에 중국은 한국전쟁 참전을 전혀 고려하지 않았다. 500만 중국 군대 대부분은 화중(華中), 화남(華南)에서 국민당 잔존 부대 소탕 작전이나 치안 유지에 몰두하고 있었으며, 한반도에 인접한 동북(東北) 지역에는 17만 명 정도만 배치되어 있었다. 그런데 전쟁 발발 이틀 뒤인 6월 27일, 해리 트루먼 미국 대통령이 한반도와 타이완 해협 사태에 군사 개입을 하겠다는 의사를 표명했다. 중국의 위기감은 갑자기 고조되어, 7월에는 동북 지역을 방어하는 동북변방군(東北邊防軍)이라는 부대까지 편성했다. 그렇기는 해도 9월 중순까지는 정권 지도부에서 참전 신중론이 대세였다.

지도부가 갑자기 태도를 바꾸게 된 까닭은 유엔군이 인천에 상륙하면서 인민군이 패주했기 때문이다. 중국 정부는 북한과 소련으로부터 지원 요청을 받고, 10월 8일에 중앙군사위원회에서 한국전쟁에 참전한다는 방침을 결정했다. 그런데 12일 소련 공군의 협조를 기대할 수 없음이 판명되자, 다시 신중론이 대두하여 참전은 연기되었다. 공군 전력이 거의 없던 중국군의 열세가 예상되었기 때문이다. 그러다가 10월 13일에 중국군의 동북 방위에는 소련 공군이 협력한다는 약속을 받아 내자 마침내 참전 방침을 확정했다. 그 뒤로 17일에도 방침을 다시 한 번 검토한 뒤, 19일 중국인민지원군은 드디어 압록강을 넘었다.

중국 정부가 몇 번이나 망설인 것은 한국전쟁이 너무나도 큰 부담과 위험을 동반하리라 예상했기 때문이다. 장병의 사상, 병기 손실, 막대한 군사비 지출도 큰 부담이었지만, 무엇보다 두려웠던 것은 미군이 중국으로 공격해 들어올 위험성이었다. 타이완과 한반도에 군사 개입을 하겠다는 트루먼 성명은 타이완과 한반도를 발판으로 중국 본토를 침략한 과거 일본의 모습과 겹쳐 보였다. 미군을 한반도에서 막아 내지 않는다면, 다음은 중국이 표적이 될 것이라는 강한 위기감이야말로 막 탄생한 중화인민공화국 정부를 한국전쟁 참전으로 몰아세운 가장 큰 이유였다. 굳이 중국인민지원군이라고 이름을 내건 것도 어떤 면에서 미국에게 자국을 공격할 구실을 주지 않기 위해서였다고 한다.

미군의 위협과 냉전의 확대   중국군은 미군의 현대식 무기에 커다란 피해를 입으면서도, 막대한 인적 손실에 아랑곳하지 않고 끝없이 병사를 투입하는 이른바 인해전술이라는 전법으로 맞서 유엔군을 남쪽으로 다시 밀어냈다. 그 후 전선은 북위 38도선 가까이에서 교착 상태에 들어가 1953년 3월부터 휴전 교섭이 시작되었고, 7월 27일에 휴전협정이 체결되었다.

휴전이 이루어졌지만 미국에 비해 장비가 크게 뒤떨어진다는 점이 명백해진 것은 무력혁명으로 권력을 장악한 공산당 정권에게 극도로 심각한 사태였다. 군수산업을 중심으로 중화학공업 발전에 속도를 내고 군사 장비를 근대화해야 한다는 결의는, 사회주의화 단행을 비롯하여 훗날의 정책 결정에 심대한 영향을 주게 된다. 1953년 9월의 회의에서 마오쩌둥은 오랫동안 농촌 사회교육에 종사해 온 량수밍이 농민 생활의 개선이 지체되고 있다고 비판하자, 흥분한 나머지 "농민 생활을 개선하는 것은 작은 인정(仁政)이지만, 중공업을 발전시켜 미 제국주의를 타도하는 것은 큰 인정(仁政)이다. 작은 인정을 행하고 큰 인정을 행하지 않는 것은 미국인을 돕는 것과 같다"고 발언했다. 당시 마오쩌둥의 머릿속에 미군의 위협과 그를 무찌를 중공업 발전이라는 과제가 얼마나 큰 비중을 차지하고 있었는지를 보여 주는 일화이다.

한국전쟁은 단순히 군사적 대결에 그치지 않았다. 한국전쟁을 계기로 동아시아 전역에 냉전이 확산되어, 중국의 대외 관계와 국내 정책은 큰 제약을 받게 되었다.

대외 관계에 생겨난 장애 가운데 하나는 서방 국가들과의 무역 관계가 대폭 제한받은 일이다. 미국과 영국, 프랑스, 일본을 비롯한 서방 주요 15개국은 이미 소련과 동유럽 사회주의국가로의 전략물자 수출에 관해서, 1950년에 만들어진 코콤(COCOM, 대공산권수출통제위원회, 사무국은 파리에 둠)이라는 비공식 기관을 통해 무역 통제를 실시하고 있었다. 한국전쟁이 발발하고 1951년 유엔은 대중국 수출금지 결의를 채택하였고, 이어 1952년에는 중국행 전략물자 수출도 코콤에 준하는 통제 아래 두기로 하고 코콤 산하에 친콤(CHINCOM, 대중국수출통제위원회)이라는 전문 기관까지 설치하였다. 중국으로 수출되는 것에는 소련이나 동유럽 국가보다 훨씬 더 엄격한 통제가 실시되어, 통상적인 민생물자라도 전시에 군사용으로 쓸 수 있는 품목은 수출하지 못하게 했다. 1957년에 친콤이 코콤으로 흡수되어 엄격한 통제는 얼마간 완화되었지만, 그 후에도 소련이나 동유럽에 대한 통제와 같은 수준에서 수출 제한이 존속되었기 때문에, 중국이 서방 국가들의 선진 기술을 도입할 길은 좁았다.

한국전쟁이 중국의 대외 관계에 가져온 또 하나의 큰 장애는 1951년 2월 1일 유엔총회에서 중화인민공화국을 침략자로 규정하는 결의가 채택된 일이다. 이 결의는 유엔에서 중국의 활동을 구속하고, 중국 대표권 문제를 해결하는 데 불리한 영향을 주었다.

타이완해협의 긴장   1949년에 국민당 정권이 타이완으로 옮겨 간 후, 대륙의 공산당 정권은 타이완을 무력으로 제압할 준비를 진행했다. 이를 위해 동남해협의 작은 섬들에 틀어박혀 있던 국민당군을 공격하기로 계획하고, 1949년 10월에는 푸젠 성 연안, 샤먼(厦門, 아모이) 앞바다에 떠 있는 진먼 섬(金門島)에 상륙 작전을 감행했다. 그러나 국민당군의 견고한 수비에 막혀 공산당군은 괴멸적인 타격을 입고 물러났다. 이에 중국은 1950년에 다시 동남 연해의 섬들에 대한 공격을 재개하기로 계획을 세우고 있었다. 그런데 한국전쟁 발발 직후인 1950년 6월 27일, 미국은 한반도뿐 아니라 타이완해협에서 일어난 사태에도 대처하기로 했다. 즉시 제7함대를 타이완해협으로 파견해 7월부터 순찰하기 시작하여, 중국군이 타이완을 제압하게 놔두지 않겠다는 태도를 분명히 했다.

당시 중국은 공식적으로는 미국의 군사 개입을 비난하고 어디까지나 타이완을 무력으로 해방하겠다는 입장을 표명하고 있었지만, 정권 내부에서는 당분간 무력행사는 피할 수밖에 없다는 방침을 결정했다. 국민당군이 주둔하고 있던 동남 연해 섬들에 대한 공격은 8월 이후 중단되었고, 타이완 제압을 위해 화남(華南)에 배치되어 있던 부대는 9월 이후 한국전쟁 참전을 대비해 동북으로 이동시켰다.

한국전쟁의 전황이 중국 쪽에 다소 유리하게 기울고 있던 1950년 12월 무렵, 한국전쟁의 정전 조건 가운데 하나로 중국이 "타이완해협에서 미군 철수"를 내건 적이 있다. 그러나 전쟁 상황이 일진일퇴를 거듭하게 되자, 이런 요구를 중국이 내세울 여지도 사라지고 타이완해협을 둘러싼 움직임은 일단 소강상태를 맞았다.

1953년에 한반도에서 휴전협정이 체결되었다. 1954년 5월부터 중국군은 동남 연해 섬들의 국민당군에 대한 공격을 재개하여 1955년 1월까지는 저장 성 연안의 이장산 섬(一江山島)을 점령하고, 다젠 섬(大陳島) 등지에서 국민당군을 철수시키는 데 성공했다. 그 결과 중국은 상하이와 샤먼을 연결하는 동남 해상 항로를 확보할 수 있었다. 1954년 9월 3일과 22일에는 진먼 섬에 대한 포격 작전을 감행했다.

하지만 중국군의 적극적인 움직임도 여기까지였다. 1954년 11월 미국타이완공동방위조약 체결, 1955년 1월 미국 의회에서 '타이완 결의' 채택 등 미국이 타이완의 현상 유지에 전력을 기울이겠다는 의지를 명시하는 한편, 미국의 지지 아래 국민당 정권의 타이완 통치 체제가 점차 모습을 갖추며 안정되기 시작했기 때문이다. 이 과정은 3장에서 다시 살펴보도록 하자. 이러한 움직임을 본 중국은 무력으로 타이완을 제압하는 것은 당분간 연기하기로 방침을 굳히고, 미국과 직접 교섭하면서 타이완과 비밀리에 교섭하여 사태 타개의 실마리를 찾으려고 하였다. 중국의 공산당 정권에게 무력을 통한 타이완 제압은 군사적으로나 정치적으로나 무척 위험한 일이었다.

그렇다고 해서 중국이 1954년 9월 진먼 섬 포격으로 아무런 성과도 얻지 못한 것은 아니다. 무력시위로 얻은 최대의 성과는 동남아시아 여러 국가들의 경계심을 불러일으켜, 1954년 9월에 발족한 시아토(SEATO, 동남아시아조약기구)의 적용 대상 지역에서 타이완을 제외시키게 한 일이다.

어쨌든 미국의 지원 아래 국민당 정권은 타이완에서 존속할 수 있게 되었고, 타이완해협을 끼고 긴장이 감도는 가운데 대륙과 타이완이 서로 대치하는 관계가 지속되게 되었다.

중국에 가해지는 무거운 압박

한국전쟁은 중국에 군사적 타격을 주고 무거운 재정 부담을 안겼을 뿐 아니라, 국내외 정책 전반에 큰 영향을 끼쳤다. 앞서 밝혔듯이 서방의 삼엄한 경제봉쇄를 당하면서 인민공화국의 경제 건설은 소련과 동유럽 국가에 대한 의존이 더욱 커질 수밖에 없었고, 그렇게 해도 여전히 보완될 수 없는 분야가 생겨났다. 한편 미국이 타이완의 국민당 정권을 전력으로 옹호하겠다는 자세를 분명히 했기에, 인민공화국이 타이완을 무력으로 제압할 길은 사실상 막혀 있었다.

성립된 지 얼마 안 된 인민공화국에게, 미군과 전면 대결을 펼치며 한국전쟁에 참전한 것은 커다란 부담이었다. 중국은 당시 전체 병력 500만 명 가운데 가장 많을 때는 130만 명의 장병을 한반도에 파견하여 휴전까

반혁명 진압으로 구속된 사람들 공산당 정권은 국민당 잔존 부대나 지역의 무장집단을 '반혁명'
이라고 하여 차례로 진압했다(《近代化への道程》, 29쪽).

지 3년 동안 36만 명이나 되는 사상자를 냈다. 전쟁에 수반되는 온갖 재
정적 부담은 중국 국가 예산의 절반을 넘었다. 게다가 1951년에 유엔이
채택한 수출금지 결의와 1952년부터 시작된 친콤에 의한 무역 통제로
인해, 홍콩을 경유한 루트를 제외하고 중국과 서방 국가들과의 경제 관
계는 대폭 줄어들었다. 수출로 외화를 획득하는 것도 국내 산업에 필요
한 원료나 기계류를 수입하는 일도 힘들어졌다. 소련이나 동유럽 국가들
과의 경제 관계로 메울 수 없는 분야가 적지 않았다. 그 때문에 국내에서
는 정부에 대한 불만이나 비판이 표면화되지 않도록 여러 가지 형태로
단속 조치가 취해졌다. 동시에 재정을 강화하고 경제를 급속히 발전시키
기 위한 새로운 방법을 찾게 되었다.

우선 전시체제가 강화되었다. 서남(西南)을 중심으로 국내 각지에 잔
존해 있던 반정부 무장 세력 또는 민간의 자위적 무장 조직을 일소하여

영화 〈우쉰전〉의 한 장면 청말 산둥 성에서 교육 진흥에 노력한 우쉰을 그린 영화였으나 가혹한 비판을 받았다(《我們的五十年代》, 22쪽).

치안의 안정화를 꾀했다. 1950년 10월 이후 군사작전까지 동반된 '반혁명 진압' 운동이라는 정치 운동이 전개되어, 150만여 명이 체포되고 50만 명이 처형되었다. 또 1951년 5월 이후 청대의 민간교육 독지가 우쉰(武訓)을 칭송한 영화 〈우쉰전〉(武訓傳)에 대해 "혁명을 부정하는 개량주의"라는 비판이 가해진 것을 계기로, 사상·학술·문화·교육에 대한 통제가 강화되었다. 1951년 9월부터는 지식인의 '사상개조'로 불리는 전반적인 사상통제 정책이 시작되었다.

대학에서 영어 학습이 제한되고 러시아어 습득이 의무화된 것도 이 무렵의 일이다. 언론인 출신으로 잡지 편집자였던 샤오첸(蕭乾)은 〈우쉰전〉 비판 시절의 체험을 이렇게 회상했다. "크고 작은 좌담회가 열리고, (지식인들은—옮긴이) 반복해서 자신의 개량주의를 스스로 가차 없이 비판했다. 나는 일찍이 페이비언주의(Febianism, 1884년 영국에서 결성된 페이비언협회를 중심으로 발전한 초기 사회주의. 토지와 산업자본을 공유화하여 사회를 재조직하고 점진적 사회주의로 이행해야 한다고 주장한 개량적 사상으로서 급진적 마르크스레닌주의와는 구분된다―옮긴이)의 산실인 영국에서 공부했기에, 더더욱 몇 번이나 되풀이해서 자아비판을 해야만 했다." 전국의 대학과 연구기관, 문화 관련 단체에서도 이와 비슷한 광경이 펼쳐졌다.

경제 면에서는 1951년 말부터 1952년에 걸쳐, 생산 증대와 절약의 구호가 대대적으로 선전되고, 그 연장선상에서 오직(汚職)과 부정부패를 고발하는 이른바 '3반운동'(三反運動), '5반운동'(五反運動)이 확산되었다. 둘 다 민중운동이라는 포장을 뒤집어쓰고 있지만, 실질적으로는 정권이 위로부터 조직한 민중 동원이었다. 그 과정에서 이윽고 시행착오를 거듭하게 되는 대단히 독특한 중국식 사회주의의 모습이 드러나게 되었다.

3. 모습을 드러낸 사회주의

3반운동과 5반운동　　한국전쟁에 따른 재정적·경제적 부담에 대처하고 국민경제의 부흥을 꾀하기 위해, 중국 정부는 증산과 절약을 호소했다. 그 일환으로 1951년 12월에 3반운동(三反運動)이 시작되었다. 원래 이 운동은 전시경제 체제 아래에서 생겨난 오직(汚職), 낭비, 관료주의 세 가지 부정적 현상을 노동자를 비롯한 민중이 적발하고, 세 가지에 반대하여 증산과 절약을 달성하자는 것이었다. 톈진, 스자좡(石家莊) 같은 대도시의 공산당 간부 중에서 사형을 비롯하여 엄한 법적 처벌을 받은 자가 나오는 등, 당시에는 오직과 낭비가 널리 퍼져 있었다. 3반운동이 끝난 1952년 6월까지 적발된 관료나 당 간부의 숫자는 당국이 중대 안건으로 구분한 사례만도 전국에서 29만 명에 이를 정도였다.

그러나 대개 적발은 사법기관의 절차를 거치지 않고 충분한 증거물도 없이, 각 직장의 공산당 조직이 소집한 직장 집회 자리에서 노동자들이 발언하고 고발하는 형태로 진행되었다. 그 때문에 적발 단계에서 중대 안건으로 구분된 29만 명 가운데 실제로 증거가 있어서 죄상을 확인할 수 있었던 사례는 10만5천 명으로 40퍼센트도 되지 않았다. 바꿔 말하자면 비판을 받은 사람들 가운데 60퍼센트 이상은 억울하게 누명을 쓴 것에 가까웠다. 본래 오직과 낭비가 널리 퍼지게 된 원인 가운데 하나는 행정기구와 사법기구가 충분히 정돈되지 않았기 때문인데, 근본적인 상황을 개선하지는 않고 선전과 민중 동원이라는 수단으로 적발을 밀어붙인 결과 매우 심각한 문제가 발생한 것이다.

어쨌든 결과적으로는 이 3반운동을 거치면서 국민정부 시대부터 계속 일해 온 전문가나 경제 재정 관료에 대한 공산당 정권의 통제와 감시가 눈에 띄게 강화되었다.

다음으로 민간 기업에 대한 비판도 확대되었다. 1952년 1월 말부터 시작되어 6월에 일단락되기까지 5반운동(五反運動)이 전개되었다. 5반이란 뇌물 공여, 탈세, 정보 누설, 부실공사, 공공재 절도 등 증산과 절약을 방해하는 민간 기업의 다섯 가지 행위에 반대한다는 의미이다. 이런 문제를 듣거나 본 적이 있는지 여부를, 직장과 공장, 상점마다 공산당과 그 지도 아래에 있던 노동조합이 앞장서서 적발하고 비판하는 캠페인을 전개했다. 베이징의 경우를 보면, 대상이 된 5만 개의 공장과 상점 가운데 5반에 관련된 법규 위반이 발견된 곳은 1만5천 곳, 그중에서도 중대한 안건은 2,500곳이었다고 보도되었다. 한국전쟁에 따른 전시경제 아래에서, 부분적으로 생산재가 부족하게 되거나 가격이 오르거나 한 것도 5반 같은 문제가 널리 퍼지게 된 원인 가운데 하나였다.

하지만 3반운동과 마찬가지로 적발은 사법기관의 절차를 거치지 않고 충분한 증거 물증 없이 이루어졌기 때문에, 그중에는 억울하게 보이는 사례도 적지 않았다. 당시 정권의 설명에 따르자면, 중국은 아직 신민주주의 단계에 있고 사회주의를 실행하고 있던 것은 아니었다. 그런데도

5반운동 노동자에게 추궁당하고 있는 경영자. 공산당은 직장마다 노동자를 동원하여 경영자의 뇌물 증여와 탈세 행위를 추궁했다(1952년 초로 추정됨, 《老照片》, 2~3쪽).

개별 직장이나 기업에서는 5반운동에 참가한 노동자가 기업 경영자의 역할을 이해하지 못하고 자본주의적 기업 경영의 존속 자체를 부정하는 것처럼 행동하는 현상이 나타났다. 일부에서는 정신적·신체적으로 번 갈아 가며 박해하고 추궁하기도 했다. 이 과정에서 상하이를 대표하는 식품회사 관성위안(冠生園)의 사장 시엔관성(冼冠生), 충칭과 상하이를 잇는 창장 강 유역 최대의 민영 기업인 민성공사(民生公司) 사장 루쭤푸 (盧作孚)를 비롯해 상당수의 경영자들이 자살로 내몰렸다.

3반운동과 마찬가지로 5반운동을 거치면서 개별 민간 기업 경영자에 대한 공산당 정권의 통제와 감시가 눈에 띄게 강화된 것이다.

과도기의 총노선과 1954년 헌법　　신민주주의를 내걸고 출발한 공산당 정권은 1952년 후반부터 이듬해 전반까지 사회주의화 강행으로 크게 방향을 선회했다. 마오쩌둥이 공산당 중앙정치국 회의에 10년 내지 15년 걸려 사회주의를 달성하겠다는 구상을 제시한 것은 1953년 6월 15일의 일이었다. 그리고 1954년 2월 7일부터 10일까지 열린 공산당 제7기 제4회 중앙위원회는 마지막 날인 10일에 사회주의화를 강행하기로 명시한 '과도기의 총노선'을 채택했다. 정부 기구 중에서도 1952년에 창설된 국가계획위원회가 점차 큰 권한을 쥐게 되었다. 1949년에 공산당이 여타 세력을 결집하여 정권을 장악할 수 있었던 조건 가운데 하나는 신민주주의의 실현이라는 목표를 전면에 내세우고 사회주의화를 먼 장래의 일로 삼겠다고 약속한 덕분이었다. 따라서 사회주의화 조기 강행은 말하자면 공약 위반 행위였으며, 국내에 심한 긴장을 가져올 수 있는 위험한 정책이었다. 그렇다면 왜 공산당 정권은 사회주의화를 서두른 것일까. 그것을 가능하게 한 어떤 조건이 만들어지고 있었던 것일까.

무엇보다 공산당 지도부는 현대적 장비를 갖춘 미군과 대결한 한국전쟁에서 자국의 빈약한 장비에 위기감을 통절히 느꼈다. 그래서 소련이 선전하는 군수공업을 축으로 한 급속한 공업화를 본보기로 삼으려고 했다. 1952년 10월에 소련에 파견된 중국공산당 대표단은, 1950년대 중국에서도 1930년대 소련과 같은 공업화를 실현할 수 있을지 스탈린과 의논한 적이 있었다. 똑같은 토론이 1953년 3~4월에 국내 각지의 전문가들 사이에서도 있었다. 이와 같은 의논의 결과는, 사회주의화를 추진하여 계획적이고 중점적으로 자금과 인재를 투입해 간다면 급속한 공업화를 실현하여 현대적 군사력을 확립할 수 있고 그것을 기반으로 독립 역시 계속 보장할 수 있다는 확신이었다.

두 번째로 3반운동과 5반운동이 전시체제하의 증산과 절약을 목표로 전개된 결과, 민간 기업에 대한 통제가 이미 눈에 띄게 엄격해졌다는 점이다. 원래대로라면, 사회주의화에 맹렬하게 저항하리라 예상되던 민간 기업의 경영자들은 이제 거의 이빨이 빠졌거나 해외로 떠난 뒤였다. 큰 저항에 부딪치지 않고 상공업의 전반적인 집단화와 국영화를 실시하는 데 수월한 조건이 마련된 것이다.

세 번째로 농촌에서는 공산당 정권이 주도한 토지개혁으로 지나치게 영세한 경영이 이뤄지면서 농업 생산이 저조해진 바람에, 서둘러 대책을 마련해야 하는 상황이 되었다. 어느 정도 경영 규모가 갖춰지지 않으면 농업 생산 효율은 낮아진다. 이런 면에서도 1930년대 소련이 모델이 되었다. 집단화를 추진하여 경영 규모를 확대한다면, 농업 생산의 신장을 꾀하는 것도 가능해질 것이라고 기대했다.

이리하여 군사력 강화를 가능하게 한 급속한 공업화를 추진하면서 동시에 농업 생산의 저조를 타개하여 경제를 전반적으로 발전시키기 위해, 1954년 9월 20일 "중화인민공화국 성립부터 사회주의 사회를 구축하기까지는 하나의 과도기이다"라고 선언한 중화인민공화국 헌법이 제1회 전국인민대표대회(간접선거로 뽑힌 인민대표로 구성된 의회)에서 채택되어, 그날로 공포·시행되었다(1954년 헌법). 바야흐로 중국은 사회주의를 선택하게 된 것이다.

그러나 오랫동안 지속된 신민주주의에서 사회주의화 강행으로 노선을 급격히 전환하면서, 공산당 지도부 안에서조차 심각한 균열이 생겨났다. 1954년 사회주의화를 견인해야 할 가오강(高崗)과 라오수스(饒漱石) 두 최고 간부가 '반당 활동'을 이유로 숙청되는 사건이 일어났다. 이 둘은 각각 당시 중국 경제의 중심지 동북과 상하이를 기반으로 하는 대표적인 인물이었다. 사건의 전모는 분명히 밝혀지지 않았지만, 의견 차이가 '반당 활동'의 배경에 있었다는 점은 의심할 여지가 없다. 사회주의화 추진 방식을 둘러싸고 두 사람 모두 마오쩌둥을 비롯한 지도부와 다른 구상을 가지고 있었다고 알려져 있다. 상황이 이러하니 일반 국민들 사이에서 더더욱 심한 불안과 불만이 팽배한 가운데 사회주의화가 강행된 것이다.

공업의 공사합영 사회주의화 강행 방침에 따라, 공업 전체에서 국영기업이 차지하는 비중이 급속하게 높아졌다. 다만 그렇게 된 요인은 복합적이었다.

면방직업처럼 이미 국영 공업이 우세를 확보한 분야도 있었다. 하지만 그것은 꼭 국영 공업의 우수함이 발휘되었기 때문만은 아니었다. 공산당 정권의 국영 방직공장은 대부분이 국민당 정권이 세운 중국방직건설공사를 접수해서 성립한 것이었다. 그리고 국민당 정권의 중국방직건설공사는 원래 중국 자본의 공장에 견주어 전반적으로 높은 생산성을 가지고 있던 구일본 자본의 재화방(在華紡)을 전후에 접수하고 통합하여 설립된 회사였다. 따라서 면방직업의 경우, 국영 공장의 생산성이 민영 공장에 견주어 우위를 점하고 있는 상황은 이상할 게 없었다. 그 밖에 국민당 정권의 자원위원회가 경영하던 유전, 탄광, 발전소, 그리고 국민당 정권이 일본한테서 접수한 안산(鞍山)과 번시후(本溪湖)의 대규모 제철소도 공산당 정권에 계승되었다.

그런가 하면 새로이 설립된 국영 공업 부문도 있었다. 제1차 5개년계

급진전하는 사회주의화(1952~1957년)

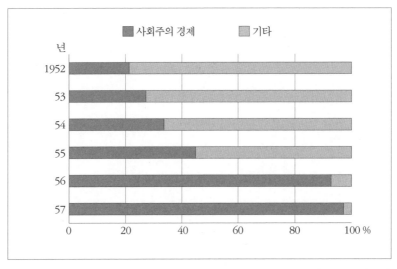

국민소득에서 차지하는 비율. 사회주의 경제에는 국영기업, 협동조합, 공사합영기업 등이 포함된다(출전:《偉大的十年》, 36쪽).

획에 따라 사회주의를 추진해 가기 위해, 중국은 소련의 전면적 기술 지원을 받아 국영 중화학공업의 발전을 겨냥한 150가지 프로젝트를 기획하여 실행에 옮겼다. 1953년 5월에 중국과 소련 두 나라 사이에 체결된 경제원조협정에는 연간 120만~150만 톤 생산 규모의 철강 콤비나트 2개소, 금속공업 8개 공장, 석유 개발 기지 8개소, 기계공업 32개 공장, 화학공업 7개 공장, 발전소 10곳 등을 신설하거나 설비·개조한다는 계획이 포함되어 있었다. 이 프로젝트에는 동북 지역의 기계공장처럼 공산당 정권이 성립하기 전부터 상당한 기반이 있던 시설도 포함되어 있었다. 그런가 하면 저장 성 서쪽 신안 강(新安江) 연안의 주민 29만 명을 이주시키고 건설한 발전 겸 관개용 댐처럼 완전히 새로 기획된 대규모 사업도 적지 않았다.

또 하나의 중요한 정책이 민간 기업의 국영화였다. 1954년부터 1956년까지 지극히 단기간 내에 대다수 분야에서 민간 기업의 경영에 정부가 참여하는 '공사합영'(公私合營)이 강행되어, 상공업의 전반적인 집단화와 국영화가 실시되었다. 이러한 움직임을 연출한 것은 1954년 1월에 정부가 소집한 공사합영 추진을 위한 계획책정회의였다. 회의는 차후 1년 동안 민간 기업 500개 회사를 공사합영화하기로 결정하고 막을 내렸다.

당시 민간 기업 경영자의 처지를 보면, 중일전쟁과 전후 경제의 혼란을 거치면서 대다수 기업의 경영 체력이 크게 떨어져 정부가 시행한 자금 원조나 위탁 생산의 도움을 받아서 겨우 경영을 존속시켜 나가던 상황이었다. 1952년의 5반운동과 1955년부터 속도를 높이고 있던 농업집단화의 움직임에 압도되어, '이제 다 끝났구나' 하고 체념하는 상공업자도 적지 않았던 것 같다. 더구나 인플레이션을 잡을 목적으로 공산당 정권이 1950년대 초에 은행을 비롯한 금융업을 거의 전면적으로 국영화한 것 역시 자금 공급 면에서 민간 기업의 자주성을 옥죄는 결정타가 되었다. 이렇듯 여러 요인이 복합적으로 작용하여, 상공업의 전반적 집단화와 공업화가 극히 단기간 내에 실현될 수 있었다.

농업집단화　　갖가지 시행착오를 겪으면서도 농업의 급진적인 집단화 역시 강행되었고, 이에 따라 토지개혁으로 생겨났던 수많은 자작농이 대규모의 합작사(合作社, 협동조합)로 조직되었다.

토지개혁을 실시한다고 해도 농업 문제를 모두 다 해결할 수는 없었다. 산시 성(山西省)의 한 현을 예로 들자면, 1949~1952년 사이에 현 전체 농가 42,215호 가운데 8,253호가 농지나 가옥을 매각했으며, 그 반수

이상은 토지개혁으로 토지를 새로 취득한 자작농이었다. 경영 규모가 작은 자작농이 수익을 확보하지 못해 토지를 포기하고, 경영 규모가 비교적 큰 자작농이 그 땅을 사 모으는 움직임이 생겨나고 있었던 것이다. 새로운 사태에 직면한 공산당 정권 내부에서는, 소규모 농가를 협동조합으로 조직하여 집단농업으로 생산 증대를 꾀하자는 정책이 제시된 한편, 거꾸로 중간 규모 농가를 보호하고 육성함으로써 증산을 꾀하자는 정책도 제기되었다. 후자의 견해는 대규모 집단농업의 생산성을 확보하려면 먼저 농업용 기계나 화학비료를 충분히 공급할 수 있는 공업 발전이 조건으로 갖춰져야 한다는 관측에 따른 것이었다. 따라서 강제적 집단화에는 신중했다. 이러한 정책 대립이 존재했던 탓에 1951년 9월의 회의(제1회 전국호조합작회의)에서는 집단화에 신중한 방침이 제시되었지만, 1952년 9월의 회의(제2회 전국호조합작회의)에서는 오히려 집단화를 가속화한다는 방침이 강조되는 등 정책은 거듭 수정되었다.

그러나 급속한 공업 발전을 목표로 하는 정책이 추진됨에 따라, 1949년에 7,826만 명이던 도시 인구가 1953년까지 2,061만 명이나 새로 늘어나 식량 수요가 급증하였고 면화를 비롯하여 공업용 원료가 되는 농작물 수요 역시 증가하게 된다. 1953년 10월에 열린 전국식량회의는 시장에 나오는 식량이 부족한 상황에 강한 경계심을 보이며, 식량을 중심으로 농업 증산이 지상 과제가 되었다는 인식을 내비쳤다. 농업 증산에는 집단화의 강행이 최선이라고 굳게 믿은 마오쩌둥은, 사회주의화를 명기한 1954년 헌법의 제정을 거쳐 1955년 7월 급속하게 농업집단화를 추진할 것을 직접 지방 공산당 간부들에게 호소했다. 그는 기존의 정책 담당자가 농업집단화에 신중했던 것을 "전족을 한 여성처럼, 삐뚤삐뚤 걷고 있다"고 깎아내렸다. 농업집단화에 적극적이던 세력은 마오쩌둥의

농업집단화의 추이(1952~1956년)

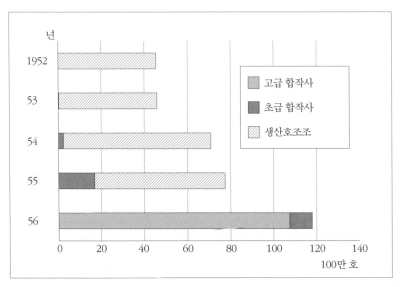

출전:《偉大的十年》, 29쪽

이 호소를 기치로 내걸고 각지에서 대규모 농업협동조합을 설립해 나갔다. 이러한 분위기 속에서 그해 10월에 열린 공산당 제7기 제6회 중앙위원회는 '농업협동화 문제에 관한 결의'를 채택하여, "현재 농촌은 바야흐로 뜻깊은 사회주의적 개혁을 경험하고" 있으며, "농업집단화를 추구하는 사회 개혁의 큰 파고가 전국으로 확대되려 하고 있다"고 선언하고, 농업집단화에 속도를 높였다.

　　그 결과 1954년에는 20~30호가 농번기에 협동 작업을 할 수 있는 '생산호조조'(生産互助組)가 약 6,850만 호의 농가에 의해 조직되었을 뿐이지만, 1956년 말에 이르면 토지를 내놓고 공동경영을 하는 20~30호 규모의 '초급 합작사'에 1,040만 호(전체 농가의 8.5퍼센트), 또 토지를 공동소유하여 공동경영을 하는 200~300호 규모의 '고급 합작사'에 1억740만 호(전체 농가의 87.8퍼센트)가 조직되었다. 눈 깜짝할 사이에 농산물 생산에서 유통까지 전국적으로 통제되는 집단농업이 전국에 생겨난 것이다.

단위 사회의 확산　　이상에서 살펴본 대로 빠르게 진전한 상공업 부문의 국영화와 농업 부문의 집단화에 힘입어, 중국은 사회주의를 향한 길을 걸어갔다. 1956년 1월 2일, 상하이에서는 비가 오는데도 50만 명의 민중을 시위에 동원하여 사회주의화를 축하했다. 이처럼 사회변동을 추동하는 데 민중을 동원할 수 있었던 구조적 동력 가운데 하나가 '단위'를 기초로 하는 새로운 사회의 형성이었다.

　　최근 시장경제화의 진전에 따라 그 규제력이 떨어지고 있다고는 해도, 사회주의화가 강행된 1950년대에는 전국 각지에 이른바 '단위'라고 부르는 사회생활의 기초 조직이 확산되고 있었다. 2010년대를 맞은 오늘날에도 기업이나 대학, 행정기관, 군대 같은 여러 사회조직에 대해서 이 단위라는 표현이 사용되고 있다. 큰 단위의 경우 직장과 그곳에서 일하는 사람들의 주택이 (대개 같은 부지 안에) 갖추어져 있었을 뿐 아니라, 각종 상점과 학교, 보육원, 병원, 우체국 같은 공공시설에 이르기까지, 즉 생활하는 데 필요한 모든 시설이 설치되었다. 영화 상영회 같은 오락 모임도, 정치 운동을 위한 집회도, 모두 단위에서 개최되었다. 그런 큰 단위에 근무하는 사람들은 소속된 단위 안에만 있어도 충분히 생활할 수 있었다. 이런 제도가 형성된 유력한 기원 가운데 하나는 일찍이 항일전쟁기에 국민당 정권이 자원위원회 아래 국영기업에서 일하는 노동자들을 위해 정비한 제도이다. 한편으로는 소련의 방식을 도입한 측면도 있다고 한다.

　　단위는 통제 계획경제 아래에서 생활하려면 불가결한 배급권을 수령

사회주의화를 축하하는 베이징의 집회 각 도시에서 사회주의화 달성이 선언되자, 정권에 동원된 민중들이 축하 집회를 열었다(1956년 1월, 《我們的五十年代》, 83쪽).

하는 장이기도 했다. 애초에는 부족한 듯한 주곡을 도시 주민에게 효율적으로 공급하기 위한 수단으로 식량권을 배급하는 제도가 시작되었다. 쌀이나 밀가루를 살 때, 필요한 금액과 함께 구입량에 상당하는 식량권을 첨부하지 않으면 식량을 살 수 없는 방식이다. 그 후 식량 공급량 전체를 낮은 수준으로 억제하는 수단으로 배급 제도가 이용되었고, 호적제도와 결부하여 각 호마다 배급량을 제한하게 되었다. 또 면포나 설탕, 식용유, 계란 같은 갖가지 물품이 배급 제도의 대상으로 들어가게 되어, 이윽고 이런 배급권이 없으면 생활 자체가 곤란하게 될 정도로 중국 민중의 생활에 중요한 존재가 되었다. 그리고 생활에 없어서는 안 될 배급권은 도시 주민이 근무하고 있는 각 단위로부터 지급받는 방식으로 바뀌었다. 통제 계획경제의 시대, 도시 민중에게 단위가 얼마나 큰 존재였

물건을 사려고 늘어선 행렬 식료품과 옷이 부족하고 통제하에 놓이게 되어 상점도 줄어들자, 물건을 사려면 언제나 줄을 서야 했다(ⓒ Marc Riboud/Magnum Photos).

는지를 알 수 있다.

쉽게 상상할 수 있듯이, 이 단위 사회를 통해 공산당과 정부는 민중을 개별적으로 장악하고, 정치사상을 효과적으로 통제할 수 있었다. 생산과 생활의 공간이 일체화되었기 때문에, 민중 상호간의 감시도 심해졌다. 민중 한 사람 한 사람의 경력을 기록한 당안(檔案)은 개인별로 문서봉투(당안대, 檔案袋)에 넣어 행정기관이 관리했다. 더욱이 도시에서는 각 지구별로 '가도위원회(街道委員會)-거민위원회(居民委員會)'라는 강고한 '초나이가이'(町內會, 제2차 세계대전 때 일본 정부가 각 지역의 도시에 설치한 기층 민중 조직. 오늘날에는 주민들의 임의 단체로 남아 있다. 지난 시절 우리나라의 반상회와 유사함—옮긴이) 조직과 비슷한 기구가 설치되어, 민중의 움직임을 감시하고 정치 집회에 동원하기도 했다.

3장

'대약진운동'의 좌절

줄지어 늘어선 토법고로(土法高爐) 난국을 타개하기 위해 민중의 힘으로 토법고로를 건설하자
는 '대약진' 정책이 추진되었으나 실패했다(후난, 1958년).

1. 백가쟁명에서 '반우파'로

사상과 문화의 통제 새 정권의 수립에 성공하여 도시까지 통치하게 된 공산당은, 한편으로 도시에서 번성한 중화민국 시기(1911~1949)의 사상적·문화적 유산 가운데 지배에 활용할 수 있는 것을 선택적으로 계승하면서, 다른 한편에서는 독자적인 사상과 문화를 확산하는 데 힘을 기울였다.

신문, 잡지 같은 미디어 중에서는 정간된 것(《신보》申報, 《신문보》新聞報 등 일반 잡지)이 많았지만, 발행을 계속한 것도 있었으며, 편집진을 교체하여 새롭게 단장하고 재출발한 것도 있었다. 대도시의 교육기관을 보아도, 기본적으로 기존의 교육기관을 존속시키면서 우수한 학교에는 정부가 자금을 원조했다.

그런가 하면 공산당 지도부는 당내 문서에서 도시 문화에 포함된 "자본가계급의 사상적 영향"을 "설탕 옷을 입힌 총알"이라고 부르며 경계했다. 공산당의 판단 기준에 따라 비판 캠페인이 전개되었으며, 개별 지식인에 대해 '사상개조'라고 부르는 정치사상 교육을 실시하는 것도 중시되었다. 곳곳에 지식인이나 간부를 위한 특별 교육기관이 설립되고,

반년 또는 2년가량 시간을 들여 마르크스주의를 비롯한 공산당의 정치 사상을 배우는 것이 사실상 의무화되었다. 고향 후난(湖南) 민중의 모습을 서정적으로 그려 주목받은 작가 선충원(沈從文)은 이런 환경 변화에 커다란 정신적 압박을 느끼고 자살을 기도할 정도였다.

사상통제는 특히 한국전쟁에 참전한 전시체제 아래에서 눈에 띄게 강화되었다. 앞서 살펴보았듯이 1951년 5월 이후 영화 〈우쉰전〉 비판을 계기로, 사상·학술·문화·교육에 대한 통제가 강화되고, 같은 해 9월부터 1952년까지 지식인의 사상개조 운동이 전국적으로 전개되었다.

1954년 11월, 이번에는 청대의 장편소설 《홍루몽》(紅樓夢) 연구를 둘러싸고 새로운 비판 운동이 확산되었다. 직접적인 계기는 한 젊은 비평가가 《홍루몽》 연구의 대가인 위핑보(俞平伯)를 비판한 논문을 《문예보》(文藝報)에 투고했는데, 이 잡지 편집부가 내용이 유치하다는 이유로 게재하지 않은 사건이다. 마르크스주의 문예이론에 바탕을 둔 신진 비평가의 논문을 평가하지 않고 퇴짜를 놓은 편집부의 태도가 비판받았음은 물론 비판의 창끝은 후스(胡適)를 비롯한 기성 《홍루몽》 연구자 전체로까지 향했다.

게다가 《문예보》 편집부에 대한 비판 집회가, 1930년대부터 활약한 좌익 문예비평가 후평(胡風)과 그 동료들을 '반혁명 집단'으로 규탄하는 등 생각지도 못한 방향으로 흘러갔다. 이미 1952년 말부터 공산당의 문화 부문 책임자였던 저우양(周揚) 등은 후평의 문예이론을 문제 삼아 검토 회의를 열고 있었다. 하지만 처음에는 '부르주아 관념론에 대한 비판'이라는 범주에서 논의하는 정도였다. 그런데 앞에서 말한 《문예보》 편집부에 대한 비판이 고조되면서 후평의 문예이론도 다시 비판 대상이 되더니, 이에 대한 후평의 전면적인 반론이 도리어 더 강렬한 비판을 불러일으키는 식으로 악화되었다. 1955년 5월 마침내 후평 등은 '반혁명 집단'으로 규탄받아 체포되었다. 이 사건 관련자로 취조를 받은 사람이 2,100명, 체포자는 92명이나 된다. 후평도 1965년에 징역 14년이라는 판결을 언도받고 복역했다. 그는 문화대혁명이 끝나고 1978년에 이르러서야 마침내 무고함이 인정되어 석방되었고, 1980년에 사회적 명예도 회복했다. 하지만 이것은 뒷날의 이야기이다. 1955년 시점으로 돌아가서 보면, 후평 비판은 문예이론과 사상 비판이 정치 문제로 비화하여 수많은 관련자를 체포·투옥시킨 사건으로 사상 유례가 없는 규모로 확대되었다. 이 사건은 그 뒤로 문예계와 학술계에 커다란 영향을 끼쳤다. '말을 하면 입술이 시리다'는 시대가 시작되고 있었다.

헝가리 사건과 중국 중국이 소련형 사회주의의 길을 선택한 직후인 1956년, 이러한 사회주의의 장래에 대한 신뢰를 뒤흔든 큰 사건이 연이어 발생했다. 소련에서는 중국이 모델로 삼으려 한 스탈린 시대의 실태가 폭로되면서 격렬한 비판을 받았다. 이어서 헝가리 등 동유럽 국가에서는 사회주의화 강행에 항의하는 대규모 민중운동이 일어났다. 이에 더해 중국 내에서도 식량과 일용품을 공급하는 농업과 경공업 생산이 저조했기 때문에, 민중들 사이에 사회주의에 대한 불만이 분출하고 있었다. 중국공산당 지도부는 심각한 위기감을 안고 대응책을 모색했다.

최초로 밀어닥친 충격은 1956년 2월 소련공산당 제20회 대회에서 내놓은 흐루쇼프(Никита Сергéевич Хрущёв, 1894~1971) 제1서기의 비밀 보고였다. 스탈린 사후 3년 뒤에 열린 당대회에서 소련의 최고 지도자로 선출된 흐루쇼프는, 1920년대 말부터 1950년대 초에 걸쳐 스탈린의 개인 독재가 소련을 지배했다는 것, 그 사이에 무고한 죄로 수많은 공산당 간부와 일반 민중이 체포되고 사형당했다는 것, 농업집단화도 그러한 가운데 강행된 것이었다는 점 등을 상세하고 확실하게 비판하며 근본적으로 바꾸겠다는 자세를 표명했다. 비밀 보고는 미국의 정보기관이 입수하여《뉴욕타임스》에 영어로 번역되어 발표되었기 때문에, 눈 깜짝할 사이에 전 세계에 알려졌다.

중국공산당 지도부도 3월 중순에는 그 전모를 알고 충격을 받았다. 3월 17일 중앙서기국 회의에 출석한 마오쩌둥은 "흐루쇼프는 말도 안 되는 짓을 했다. 내용에서도 방법에서도 중대한 오류가 있다"고 말하고, 19일과 24일에 연이어 중앙정치국 회의를 소집하여 지도부 내의 의지 통일을 꾀했다. 이렇게 회의를 거듭한 끝에 4월 5일자《인민일보》(人民日報)에 발표된 〈프롤레타리아 독재의 역사적 경험에 대하여〉라는 글이 그 시점에서 중국공산당 지도부로서는 나름 최대한의 대응이었다. 이 논문은 개인숭배나 교조주의에 반대하는 점에서는 흐루쇼프 보고에 보조를 맞추면서도, 나치 독일의 침략에 맞서 제2차 세계대전을 승리로 이끈 것을 비롯해 스탈린의 공적도 평가해야 한다고 강조하여, 소련에서 벌어지는 스탈린 비판에 대해 위화감을 드러냈다.

스탈린 비판의 충격은 소련 국내에 머물지 않았다. 1956년 6월에는 폴란드 서부의 도시 포즈난에서 노동자들이 처우 개선을 요구하는 파업을 일으킨 것을 계기로, 다양한 사회계층이 참가하는 정치비판 운동이 확대되고 있었다. 헝가리에서는 일당독재하의 사회주의화 그 자체를 재검토하자는 움직임이 확대되었고, 10월에는 운동을 저지하기 위해 소련군이 무력 개입하는 사태로까지 나아갔다. 12월 29일자《인민일보》에

헝가리 사건 전차를 습격하여 소련군 철수를 요구하는 헝가리 민중들. 그 후 무력으로 탄압당하였다(1956년 10~11월).

실린 〈다시 프롤레타리아 독재의 역사적 경험에 대하여〉에서는, 헝가리 사건을 평가하면서 '프롤레타리아 독재'(실질적으로는 공산당의 일당독재를 의미하는 말)를 굳게 지켜 나가는 것이 중요하다고 강조했다. 그런가 하면 민주주의를 내걸고 프롤레타리아 독재에 반대하는 지식인의 움직임을 경계하는 자세를 취했다.

중국공산당은 소련공산당과 폴란드 통일노동자당 사이에 중재를 맡아, 소련군이 폴란드에 무력으로 간섭하는 사태를 회피하려 노력했다. 그러면서도 헝가리 사건 때는 소련의 무력 개입을 지지하는 태도를 표명했다. 표면적으로 중국은 소련에 동조하여 동유럽 국가들의 민중운동 탄압을 지지하는 태도를 분명히 했지만, 실제로는 사태를 무척 심각하게 받아들이고 있었다. 그것은 사회주의화 추진 방식이나 국가주권의 존재 방식을 둘러싸고, 소련의 주장에 동조할 수 없는 부분이 커지고 있었기 때문이다. 소련이 동유럽에 개입하는 근거로 삼은 '제한주권론'(制限主權論)으로 이어지는 주장, 즉 사회주의국가들 사이에는 사회주의를 방위하기 위해 각국의 국가주권이 제한될 수도 있다는 주장에 대해서는 강한 불신감이 확산되고 있었다.

백가쟁명 공산당 지도부는 사회주의에 대한 신뢰가 흔들리는 사태에 직면하여 스탈린 비판을 직접 언급하는 논문을 발표했을 뿐 아니라, 1955년 말부터 진행된 국내 정책 전반에 대한 수정 작업도 총괄하여 하나의 문서로 정리했다. 그것이 1956년 4월 말 당 지도부 회의와 5월 초 정부 관계자 회의에서 마오쩌둥이 발표한 '10대관계론'(十大關係論)이라는 보고이다. 이 보고는 경제 면에서는 공업과 농업, 중공업과 경공업, 군수산업과 민수산업, 국영 및 집단 경영과 개인 경영, 연해와 내륙, 중앙과 지방 등 서로 다른 경제 요소 사이에 균형을 잡을 수 있도록 유의해 나간다는 비교적 온건한 사회주의 노선을 표명한 것이다. 이 보고에 나타난 방향성은 그해 9월의 공산당 제8회 전국대회에 집약되어 나타나게 된다.

한편, 정치·사상·문화 방면에서는 사상개조 활동과 문예 작품 비판이 가져온 부정적 측면에 주목하고, 사람들이 자유롭게 사색하고 토론하고 창작하도록 호소하자는 방침이 표명되었다. 이미 스탈린 비판에 앞서서 1956년 1월 지식 문제에 관한 회의가 열려, 저우언라이(周恩來)가 지식인들을 신뢰하고 그 대우를 개선해야 하며, 또 폭력적인 방법에 의한

공산당을 비판한 추안핑(1909~1966?) 국민당 정권 아래에서 《관찰》을 편집하고, 공산당 정권 아래에서도 끊임없이 발언한 기골 있는 저널리스트였다(《老照片》4, 60쪽).

사상개조는 피해야 한다는 방침을 제기하고 있었다. 그리고 같은 해 5월 말에 당 중앙 선전부장 루딩이(陸定一)는 학자와 문화예술인 2천 명 앞에서 '백화제방 백가쟁명'(百花齊放 百家爭鳴)이라는 제목으로 연설을 했다. 꽃이 한꺼번에 흐드러지게 피듯이 문화의 꽃을 피워, 고대 제자백가가 그랬던 것처럼 자유롭게 활발한 논쟁을 펴 나가자는 얘기였다. 이러한 방침은 학술과 문화의 발전을 촉진하여, 당외(黨外) 인사들로부터 다양한 제언과 비판을 적극적으로 받아들이려는 것이었다. 또한 폭발할 듯 쌓여만 있던 불만에 대해 일종의 '가스 빼기'를 의도했다고도 할 수 있다.

문학계에서는 그 무렵 중국의 현실을 비판하는 소설이 발표되었고, 경제학 분야에서는 마르크스주의 경제학 이외의 학파 연구 방법에서 적극적으로 배우자는 주장이 나왔다. 필력 있는 작가이지만 사회주의에 거리를 두고 인민공화국이 성립한 뒤로는 활동 공간을 잃어버린 저우쭤런

간부들을 풍자하는 그림 간부로 보이는 인물이 큰 자화상에서 '민중'이라고 적힌 종이를 찢어 버리고, '계획 초과달성' 같은 종이를 덕지덕지 붙이고 있다(랴오빙슝廖冰兄 그림, 1956년,《中國漫畵史》, 275쪽).

(周作人), 선충원(沈從文) 등의 단편이《인민문학》(人民文學)에 게재된 것 역시 해빙기를 연상시키는 현상이었다. 중국을 대표하는 사회학자 페이샤오퉁(費孝通)은 1957년 3월 "백가쟁명의 춘풍이 한번 불어오니 지식인의 적극적인 부분이 움직이기 시작했다. 백가쟁명은 그야말로 많은 지식인들의 마음을 쏘아 맞추었다"며 감격스러움을 글로 표현했다.

하지만 그때까지 사상개조 운동의 경험에서 "반은 기쁘고 반은 두려워"(역사가 리수黎樹의 회상, 다이칭戴晴,《마오쩌둥과 지식인》) 하며 발언에 신중한 태도를 보이는 사람들이 대부분이었다. 그러나 마오쩌둥의 담화《인민 내부의 모순을 바르게 처리하는 방법에 대하여》(1957년 2월)를 비롯해 공산당 쪽에서 집요하게 선동하고 독촉하자, 입이 무거운 사람들도 조금씩 솔직한 생각을 내보이게 되었다. 1957년 4~6월에 이르면서, 1949년 혁명 이래 경제 운영과 정치사회 제도에 대해 "공산당이 모든 것을 다 좌지우지하여 공산당 천하가 되고 있다"고 하는 통렬한 비판이 나왔다. 지식인 취향의 전국 신문《광명일보》편집부의 추안핑(儲安平, 1장에서 살펴보았듯이《관찰》을 편집하여 전국적으로 유명했던 언론인) 같은 영향력 있는 인사들의 입에서 나온 발언이었다. "젊은 공산당원이 회의에서 사람을 욕하고 바보로 만드는 것은 문제가 있다," "학교가 마치 관청 같다"(베이징대학 화학과 교수 푸잉傅鷹) 등 각지에서 열린 좌담회에서도 수위 높은 비판이 이어졌다. "우리나라의 생활수준에는 커다란 격차가 있다. 후난 성 다예 현(大冶縣) 남쪽의 농민들은 한 해 수입이 250위안도 채 안 되는데, 고급 간부들은 한 달에 200~300위안이나 받고 있다"(1957년 4월 13일자《중국청년보》에 실린 화중사범학원 학생 쑨위산孫玉山의 편지) 같은 글처럼 생활에 대한 불만도 나오기 시작했다. 그것은 공산당 지도부가 생각한 범위를 훨씬 뛰어넘는 수준이었다. 1930~1940년대 헌정운동을 통해 권리 의식이 높아진 민중과 지식인들이 1949년 혁명의 일익을 담당했으며, 1950년대 중반 시점에서는 그들 가운데 다수가 정부 기관이나 문화교육 부문에서 유력한 지위에 올라 있었던 사실도 떠올릴 필요가 있다.

'반우파' 투쟁으로 예상을 뛰어넘는 격렬한 비판이 확대되자 깜짝 놀란 공산당 지도부는 다시 정치사상에 대한 통제 강화에 나서야 하는 처지에 내몰렸다. "실컷 말하게 놔둔 다음 단속하는 것이 본디 목적이었다"는 변명 섞인 설명(예를 들어 6월 12일 당내에 통지된 마오쩌둥의 지시 "사태는 변화하고 있다," "뱀을 굴에서 끌어낸다"는 비유도 자주 사용되었다)을 대면서, 1957년 6월부터 공산당은 철저한 언론 탄압에 나

비판받고 있는 장보쥔(章伯鈞) 공산당에 고언을 올린 민주동맹 간부이자 교통부장(교통부 장관)이었던 장보쥔 역시 집회에서 비판을 받았다(1957년).

섰다. 이것이 '반우파' 투쟁이라고 일컫는 것이다. 학생과 지식인, 전문가들을 중심으로 전국에서 50만 명 넘는 이들에게 "인민공화국을 적대시하고 자본주의를 지지하는 우파"라는 딱지가 붙여졌다. 어떤 이는 직장에서 쫓겨났고 어떤 이는 책임 있는 자리에서 경질되었다. '백화제방, 백가쟁명'의 호소에 응하여 현실 비판적인 소설을 발표한 작가나 마르크스주의 경제학 이외의 학파로부터도 배우자고 주장했던 경제학자, 유물론인지 아닌지에 집착하지 않는 연구 방법을 탐구했던 사회학자들은 모두 격렬한 비판의 폭풍 한가운데에 세워졌다. 그들 중에는 베이징대학 교수를 사임하고 도서관 직원이 되도록 강요당한 경제사학자 전천한(陳振漢), 연구 기회를 박탈당한 사회학자 페이샤오퉁도 포함되어 있었다. 훗날 공산당이 공식 발표한 비교적 축소된 숫자로도, '우파'로 판정받은 55만 2,877명 가운데 54만 명은 전혀 근거가 없는 비판에 따른 것이었다.

언론 탄압이 너무도 철저했던 까닭에, 공산당 지도부가 '반우파' 투쟁을 전개하기 위해 계획적이고 의도적으로 '백화제방, 백가쟁명'을 호소했던 것이 아닐까 하는 의심을 사기도 한다. 그러나 당시 중국공산당에게 그런 계획을 사전에 꾸밀 정도로 여유가 있었던 것은 아니다. 1956년 단계에서는 마오쩌둥의 '10대관계론' 보고나 루딩이의 '백화제방, 백가쟁명' 강연 모두 그해 9월의 공산당 제8회 전국대회로 집약되어 가는 흐름 속에 배치된 것으로, 그 시점에서는 마오쩌둥을 비롯하여 공산당 지도부 어느 누구도 '반우파' 투쟁까지 기획하고 있지 않았다.

그렇다면 '반우파' 투쟁은 언제, 왜, 누가, 어떤 식으로 기획했는가? 오늘날까지 밝혀진 사실에 따르면, 1957년 5월 중반에 이르러 언론 자유화가 추진되는 과정에서 나온 몇 가지 주장이 직접적인 계기가 된 것 같다. 권력 장악과 관련하여 극도로 경계심이 강한 마오쩌둥 등은 이런 주장이 공산당의 주도권을 인정하지 않고 사회주의를 부정할 가능성이 있다고 생각해 무척 두려워했다. 그 결과 공산당 최고 지도부 지위에 있던 마오쩌둥이 직접 선두에 서서 '반우파' 투쟁의 개시를 결정한 것으로 보인다.

'반우파' 투쟁의 결과 중앙과 지방을 막론하고 여러 분야에서 수많은 뛰어난 전문가들이 지위를 상실한 것은, 그 후 인민공화국의 행정 능력을 눈에 띄게 약화시켜 '대약진' 시기와 같은 현실적 근거가 부족한 경제 정책이 시행되는 조건을 만들었다. 우수한 과학기술자, 문학가, 예술가, 사상가들이 입을 다문 것도 커다란 타격이었다.

2. 고립된 중국

중소의 균열 확대 공식적으로는 1950년대 중반까지 중국과 소련 두 나라 모두 반석 같은 단결을 가장하고 있었으나, 이미 서술한 바와 같이 실질적으로 둘 사이에는 중소우호동맹상호원조조약을 체결할 때부터 큰 균열이 있었다. 소련이 동북 지역의 항만과 철도 사용에서 러시아제국 시대에 필적할 정도로 이권을 부활해 달라고 요구했으므로, 중국이 유쾌하게 생각하지 않은 것은 당연한 일이었다.

한국전쟁 때도 소련 공군의 행동이나 소련의 대중국 군사원조의 상환 문제를 둘러싸고, 두 나라 사이에는 상호 불신이 생겨났다. 공군력이 거의 없어서 제공권을 확보할 수 없었던 중국은 전투에서 커다란 희생을 낼 것을 걱정하여, 북한 영공에서 소련 공군이 중국군과 북한군을 엄호해 줄 것을 무척이나 기대했다. 그러나 소련은 한국전쟁에서 미국과 직접 대결하는 것을 회피했고, 어디까지나 중국 영공에서 미군 전투기의 영공 침범에 대처하는 정도로 지원하는 데 그쳤다. 또 중국이 북한을 지원하기 위해 커다란 재정적 부담을 진 것에 비해, 소련은 중국에게 공여한 군수물자 등의 비용을 상환하라고 요구하여 중국의 반발을 샀다.

더구나 1956년 스탈린 비판과 동유럽 국가들의 민중운동에 대한 대처에서도, 앞에서 말한 것처럼 중국과 소련 사이에는 의견 차이가 생겨났다. 중국공산당 지도부는 소련과 달리 스탈린의 공적은 평가받아야 한다고 생각했으며, 소련이 동유럽 국가들의 민중운동 탄압을 위해 근거로 삼은 제한주권론으로 연결되는 주장에 대해서는 강한 불신감을 갖고 있었다.

　그렇지만 1950년대 중국은 뭐니 뭐니 해도 소련형 사회주의를 모델로 삼고 있었고, 소련의 기술과 경제, 군사원조에 많은 것을 기대하고 있었다. 앞에서 살펴보았듯이, 제1차 5개년계획 기간에 진행된 프로젝트 가운데 3분의 1은 소련의 전면적 원조에 의존하고 있었다. 그중에서는 안산(鞍山, 동북)이나 바오토우(包頭, 내몽골)의 철강 콤비나트, 창춘의 자동차 공장, 란저우(蘭州)의 석유정제 공장 등 중국의 중공업을 지탱하는 대규모 프로젝트가 포함되어 있었다. 게다가 1957년 8월에 소련이 대륙간탄도미사일 발사 실험에 성공하고, 10월에 세계 최초로 인공위성 스푸트니크 1호 발사에도 성공한 사실은 소련의 과학기술과 군사력이 미국보다 앞서 있음을 보여 주는 것으로 받아들여졌다. 그래서 중국은 1957년 10월 소련과 '국방 신기술에 관한 협정'을 맺고, 소련이 원자폭탄의 견본과 원폭 생산의 기술 자료를 제공하기를 학수고대했던 것이다.

　하지만 중국의 기대는 허무하게 무너졌다. 1959년 6월 20일, 소련이 협정을 일방적으로 파기했기 때문이다. 뒤에서 다시 살펴보겠지만, 소련이 국방신기술협정을 파기한 배후에는 평화공존을 우선하는 소련에 반해 민족해방투쟁을 중시하는 중국이라는 세계 전략을 둘러싼 중소 간의 균열이 점점 깊어 가던 사정이 존재했다.

　사실 중소 국방신기술협정이 체결에서 파탄에 이르는 중간에, 중국군은 1958년 8월 23일부터 10월 6일에 걸쳐 포탄 44만 발을 샤먼 앞바다의 진먼 섬에 퍼부었고, 섬을 수비하는 타이완 정부군을 공격했다. 이때 미군은 타이완에 군수물자를 지원했을 뿐, 직접 전투에 참가하지는 않았다. 한편 중국군도 진먼 섬으로 상륙하는 작전은 강행하지 않은 채, 40일 동안 봉쇄와 포격으로 일관했다. 아마 중국의 가장 중요한 목적은 세계 전략을 둘러싼 미소 간의 차이가 분명해지는 상황에서, '타이완 해방'을 위해서는 무력행사도 불사하겠다는 입장을 소련에 통고하는 것이었던 것 같다. 하지만 그러한 의사를 전달받은 소련의 회답은 국방신기술협정의 파기였다.

대일 강화에서 배제　중국과 일본 사이에서는 역사적으로 여러 형태의 관계가 존재해 왔다. 20세기 초, 일본은 중국의 발전 모델이 되어 많은 중국인들이 일본에 유학했다. 그런가 하면, 근대 일본은 중국의 자원 개발과 시장 개척을 추진하여 권익 확대에 급급한 나머지, 끝내는 중국을 침략하고 엄청난 피해를 입혔다. 따라서 일본에게 전후 배상을 하게 만들어 위험한 움직임을 사전에 봉쇄하면서, 장기적으로는 일본과 평등호혜 관계를 수립해 나가는 것이, 중국으로서는 중요한 외교 과제 가운데 하나였다.

다만 중화인민공화국이 성립했을 때 일본은 아직 연합군의 점령 아래에 놓여 있었다. 따라서 중국에게 대일 외교의 당면 과제는 일본과 강화 조약을 맺을 연합국 구성원으로 인정받고, 전후 배상 문제에 결말을 짓는 것이었다. 그러나 한국전쟁이 시작되면서 정세는 크게 바뀌었다. 북한을 지원한 중국에 대해 유엔이 제재를 결의하면서, 대일 강화의 틀에서 중국을 배제시켜 버렸기 때문이다. 그 결과 일본과 가장 오랫동안 싸우고 가장 큰 피해를 입었음에도, 중국은 1951년 샌프란시스코 강화회의에 초청조차 받지 못하고, 강화조약 체결에도 참가하지 못했다.

일본 정부 안에서는 독자적으로 중국과 국교를 모색하는 움직임이 존재했다. 그러나 타이완 지원을 우선하라는 미국의 압력에 굴복하여, 일본은 1952년 4월 타이완의 국민당 정권과 일화강화조약(日華講和條約, 일화평화조약)을 체결하고 국교를 수립한다. 중국은 "중국 인민을 공공연히 모욕하고 적대시하는 것"(저우언라이 총리)이라며 맹렬히 반발했다. 마치 타이완이 중국의 '정통 정권'인 듯한 허구가 일화강화조약으로 만들어졌기 때문이다. 중국과 일본 사이에는 오랫동안 강화도 국교도 없는 비정상적인 상태가 이어지게 되었다.

한편, 정식 국교가 없던 1950년대에도 두 나라 사이에 민간 교역과 문화 교류는 있었다. 무역을 보면, 일본에서는 좌파 계열의 일중무역촉진회, 경제계의 일본국제무역촉진위원회, 일본국제무역촉진협회, 일중수출입조합, 정계의 일중무역촉진위원연맹 등이 주도하여, 중국의 국제무역추진위원회 등과 규모와 기간을 정한 무역협정을 1950년대에 네 차례 체결했다. 무역액은 많지 않았지만, 중국과 일본 간에는 무역에 대한 꾸준한 수요가 존재했다. 통상대표부 설치까지 포함한 1958년 3월의 제4차 협정에 대해서는 타이완과 미국이 강하게 반발했을 정도였다. 때마침 같은 해 5월에 나가사키 국기 사건이 일어나, 경제 문화 교류는 1960년대까지 일시 중단되었다. 나가사키 백화점에서 열린 중국 상품 전시판매장에서 일본 젊은이가 중국 국기를 끌어내린 사건이 일어났다. 범인이 경미한 처벌만 받고 석방되자, "국가 위신에 상처를 입었다"며 중국이 강하게 항의하여 경제 문화 교류를 중단하는 사태로 번졌다. 사건의 배후에는 중일 간 교류 확대를 방해하려는 타이완 측의 모략이 있었다고 한다.

이리하여 전후 처리와 타이완 문제라는 두 가지 가시가 목에 걸린 채, 중국과 일본의 국교 정상화는 긴 여정을 걷게 되었다. 그러나 중국은 무역협정에 대한 대응에서도 알 수 있듯이, 1950년대 중반부터 일본과 국교 정상화를 중시하게 되었다. 1956년에는 일본인 거류민 가운데 미귀환자, 행방불명자 문제에 관해 교섭 경과를 공표하고, 억류된 일본인 전범 1,062명 가운데 1,017명을 기소유예한다고 발표하는 등 적극적인 움직임을 보이기 시작했다. 1960년에는 나가사키 국기 사건으로 일시 중단된 경제 교류 역시 재개되었다.

AA외교에 대한 기대   중국 입장에서는 일본과 북한 이외의 아시아 이웃 나라와 관계를 발전시키기는 일도 중요한 외교 과제였다. 청대까지 조공관계가 존재했던 사정도 있었고, 또 동남아시아 지역에는 화교, 화인(華人) 등 수많은 중국계 주민이 살고 있어, 그 경제력을 중국을 위해 동원할 수도 있다고 보았다. 1950년대 말라야연방(1948년에 결성되어 1957년 영연방에서 독립한 뒤, 1963년에 말레이시아로 바뀜 ─옮긴이) 인구의 30퍼센트 이상, 싱가포르에서는 70퍼센트 이상이 중국계 주민이었다. 또 동남아시아에서 인도에 걸친 국경 지대의 안전을 확보한다는 의미도 있었다. 당시 버마와 국경을 맞댄 지대에는 국민당 군대의 잔존 세력이 잠복하며 저항하고 있었다.

공산당 정권인 중국이 가장 중시한 것은 동지 관계에 있던 베트남 노동당 정권을 지원하는 일이었다. 제2차 세계대전 종결 직후인 1945년

9월, 베트남 노동당의 전신인 인도차이나 공산당이 중심이 되어 하노이에서 베트남민주공화국이 독립을 선언했지만, 베트남을 식민지로 삼아 온 프랑스는 이를 인정하지 않아 무장투쟁이 계속되고 있었다. 1950년 1월 중국은 베트남민주공화국을 최초로 승인한 국가가 되었다. 또 그해 안에 베트남에 군사고문단을 파견하는 등 독립투쟁 지원에 나섰다. 1954년 5월 디엔비엔푸 전투에서 베트남군이 프랑스군에 역사적인 승리를 거두었을 때도 중국의 군사적 지원은 중요한 역할을 했다. 한편 그해 7월 베트남 독립을 국제사회가 승인한 제네바휴전협정이 조인되었을 때, 베트남 노동당은 무력투쟁을 계속하여 남베트남까지 지배하에 두려고 했다. 그런데 중국이 소련과 함께 국제 정세의 안정을 중시해 베트남을 억누르는 쪽으로 돌아섰기 때문에, 베트남의 반발을 사야 했다.

중국은 베트남 이외의 지역에 대해서도 공산주의자가 주도하는 혁명운동을 적극적으로 지원하는 방침을 세웠다. 그러나 실제로 이웃 아시아 지역에서 수립된 민족주의 정권은 독립을 희구하고 구미 열강으로부터 해방을 추구하는 점에서 중국과 입장을 같이한다고는 해도, 오히려 공산주의 세력을 진압하는 쪽에 서는 경우도 많았다. 그 때문에 각지에서 공산주의자가 주도하는 무력투쟁이 전개되던 1948년부터 1951년 무렵까지 중국과 동남아시아 국가들 간의 외교 관계는 그다지 원만하게 진전되지 않았다.

1952년 이후 전환기가 찾아왔다. 중국은 자국의 안전보장과 국가 건설을 우선하는 평화공존과 선린우호 정책을 추구하게 되었다. 1953년에 한반도에서 휴전협정이 체결되고, 베트남에 관해서도 1954년에 제네바 협정이 체결되는 등 국제적으로 긴장이 완화되어 갔다. 이런 가운데 중국은 1954년 6월 인도, 미얀마와 영토 주권의 상호 존중, 상호 불가침,

평화공존 등을 내건 '평화 5원칙'을 확인했다. 이 원칙은 그 뒤로 체제가 다른 국가들과도 평화적으로 공존하고 경제 발전을 향해 협력을 강화하는 중요한 원칙이 된다. 같은 해 9월 중국은 화교 정책을 전환하여, 국적을 인정하는 기준인 혈통주의를 수정하고 거주국 주권을 존중하는 방침을 표명했다. 나아가 1955년 4월에는 인도네시아 반둥에 29개국 대표가 모인 아시아아프리카회의에서 내정 불간섭을 표명하여 각국의 지지를 모으는 데 성공했다. 1957년 8월 말라야연방이 독립할 때도 중국은 축전을 보냈다. 이러한 관계 개선 노력을 통해 실론(스리랑카)에서 쌀과 고무를 수입하는 등 중국은 아시아-아프리카 연대의 깃발을 내걸면서 중요한 자원을 획득하는 데도 성공하였다.

타이완의 토지개혁과 경제 재건

1949년에 대륙에서 쫓겨나 겨우 면적 36,000제곱킬로미터의 타이완 섬 하나와 대륙에 가까운 진먼 섬 및 마쭈 제도(馬祖諸島)에 의탁하게 된 국민당 정권에게, 통치 체제의 재건은 초미의 과제였다.

우선 무엇보다 중시했던 것은 통치 정당인 국민당을 재건하여 일당독재의 강권적 통치 체제를 확립하는 일이었다. 1950년 3월에 중화민국 총통 자리에 복귀한 장제스의 강력한 지도하에서, 그 아들인 장징궈(蔣經國)가 국방부 총정치부 주임에 취임하여 군대의 정치사상 교육에 주력하고, 그해 8월에 발족한 국민당 중앙개조위원회가 당 조직의 재편과 강화를 추진했다. 한편 타이완 내부의 공산당 세력에 대해서는, 같은 해 5월에 공산당 비밀조직 80개 이상을 일제히 적발하고 지도자들을 체포하는 등 철저한 탄압을 가했다.

타이완으로 옮겨 간 국민당 정권의 총통부(타이베이) 일본 통치 시대에 타이완 총독부였던 건물
(1919년 완성)을 사용했다.

　타이완에 옮겨 간 국민당 정권이 두 번째로 애쓴 문제는 사회경제 개
혁과 발전을 지향하여 민중 생활의 향상을 꾀하는 것이었다. 타이완에는
이미 일본의 식민지 시대에 철도와 도로, 발전 사업 등 산업 기반이 정비
되었고, 호적과 토지대장을 바탕으로 효율 높은 행정기구가 구축되어 있
었으며, 초등교육과 중등교육이 다수의 민중에게 보급되어 있었다.

　이러한 조건을 바탕으로 농업 방면에서는 '삼칠오 감조'(三七五減租)
라고 불리는 소작료 인하(수확량의 절반인 표준 소작료를 25퍼센트 더 인하
했기 때문에 소작료租는 전체 수확량의 37.5퍼센트가 되었다)를 비롯한 토지
개혁이 단행되었다. 1949년 4월부터 시작한 삼칠오 감조에 이어 1951
년 6월부터 공유지의 민간 불하가 단행되었고, 나아가 1953년 1월부터
는 자작농 창출을 의미하는 '경자유기전'(耕者有其田, 경작자가 토지를 보
유함) 정책이 추진되어 비교적 싼 가격으로 지주의 토지가 소작농에게

넘어갔다. 토지개혁의 정책 이념 자체는 1920년대부터 국민당 정권이 내건 것이었다. 그러나 대륙 통치 시대에는 호적도 토지대장도 정비되지 못했고, 정권의 지지 기반 가운데 하나인 지주 세력의 저항 역시 완강했기 때문에 결국 토지개혁의 실시는 벽에 부딪친 바 있다. 이에 반해 전후 타이완의 경우 식민지 시대에 정비된 호적과 토지대장이 개혁 실시에 유리한 조건을 제공했으며, 또한 대륙에서 온 외래 정권인 국민당 정권에게 타이완 재래의 지주층을 지지 기반으로 삼을 필요성은 별로 없었다. 오히려 새로 자작농이 된 농민층의 지지를 획득하는 것이 더 큰 의미가 있었다. 공업 방면에서도 식민지 시대의 유산과 국민당 정권이 대륙에서 가져온 자금, 또 자원위원회(구성원의 대다수는 대륙에 남았지만 일부는 타이완으로 건너갔다) 등에서 일했던 기술자들에 의해 공업 발전을 위한 시스템이 갖춰졌다.

타이완의 안정화에서 중요한 세 번째 요소는 냉전 체제 아래에서 미국이 군사적·경제적 지원을 퍼부었다는 점이다. 1953년부터 미국의 원조를 기초로 경제 4개년계획이 시작되었다. 원조의 수용 기관인 '중국농촌부흥위원회'와 '미국원조운용위원회'는 유능한 기술관료 집단이 주축이 되어 합리적인 경제발전 정책을 입안하고 실시하는 중요한 경제기구가 되었다. 앞에서 서술한 대로 1952년 4월에는 미국의 지시로 타이완의 국민당 정권이 일본과 일화강화조약을 체결하고 국교를 수립한다. 이로써 타이완은 일본으로부터도 경제적 지원을 얻을 수 있게 되었다. 전후 배상을 포기해야 하는 등 일화강화조약의 내용에 관해서는 타이완도 큰 불만이 있었지만, 미국의 방위력에 의존할 수밖에 없는 타이완은 조약 내용에 관해 미국의 지시를 따를 수밖에 없었다.

3. 마오쩌둥의 급진적 사회주의

사회주의화 후의 난국 경제 발전을 이루겠다며 많은 기대를 안고 사회주의화를 강행했지만, 그것이 꼭 성과로 이어지지는 않았다. 아니 오히려 중국의 사회주의 경제는 시작 단계부터 커다란 곤란에 직면해 있었다고 말할 수 있다. 국가계획위원회가 1954년 8월에 공산당 지도부에 보고한 바에 따르면, 석탄과 철강재, 화학비료를 비롯한 주요 50개 품목의 공업 제품 가운데 국내 생산이 부족한 품목은 23개에 달하였고, 그중에 5개 품목은 수입을 하더라도 수요를 채우지 못하는 상황이었다. 쌀이나 밀 같은 농산물도 공급량이 부족했으며 철도를 비롯한 수송 부문의 부담은 한계에 이르렀다. 가장 주력했던 중화학공업 분야에서조차 제1차 5개년계획 2차년도에 해당하는 1954년 말 시점에 목표 달성율은 26퍼센트에 그쳤으며, 많은 과제가 계획 후반기로 넘겨졌다. 이듬해 1955년 공업 총생산량은 전년 대비 12.4퍼센트의 신장을 기대하고 있었다. 하지만 이 수치 자체도 농업 생산의 감소가 큰 영향을 미치지 않을 거라는 낙관에 근거한 것이었고, 제1차 5개년계획에서 원래 설정했던 목표치인 15.6퍼센트 신장은 달성하는 것이 불가능하다고 인정했음을 의미한 수치였다.

1955년부터 1956년에 걸쳐 사태는 더욱 심각해졌다. 당시 정부가 통일적으로 수급 관계를 취급하게 된 235개 품목을 살펴볼 때 석탄, 목재, 탄산나트륨 등 일부 품목에 여유가 있었던 것을 제외하면, 대부분의 물자가 부족하거나 그에 가까운 상태에 놓였다. 철강재는 75만 톤, 이음새 없는 강관(鋼管)은 4만 톤, 금속가공용 선반은 3,569대가 부족했다. 한편 목표 달성을 위해 안전을 무시하고 무리한 조업을 강행하여, 공장이나 광산 등 현장에서 사고가 자주 발생하는 바람에 생산이 더욱 떨어지는 악순환이 나타났다.

그럼에도 1953~1957년에 국민소득의 연평균 성장률은 8.9퍼센트에 이르러, 이 시기에 상당히 높은 경제성장이 나타난 것은 분명하다. 그런데 어째서 물자 부족이나 계획 달성의 실패 같은 상황이 나타났을까. 그 원인 가운데 하나는 특정 공업 분야에 투자가 집중되어 경제 전체에 균형 잡힌 발전이 이뤄지지 못했기 때문이다. 중화학공업을 중심으로 하는 생산재 부문의 성장률이 너무 높아, 식량 생산, 소비재 생산, 교통운수 시설 부문과 격차가 확대되고 있었다. 또 하나의 원인은 인구 급증에 따라 1인당 생산량은 그다지 증가하지 않았다는 점이다. 1953년부터 1957년에 걸친 이 시기는 국내에 전란이 없고 총체적으로 보면 사회가 안정을 회복했기 때문에, 인구의 자연 증가율이 2.23퍼센트에 이르러 7천만 명 이상이나 인구가 증가했다.

민중 생활에 직결되는 식량이나 일용품을 공급하는 농업과 경공업 생산은 계속 부진했다. 그 때문에 1956년 가을부터 이듬해 봄에 걸쳐, 각지에서 소비 물자 부족을 호소하며 처우 개선을 요구하는 움직임이 나타났다. 노동자의 파업 참가자 수는 모두 1만 명, 학생 시위가 일어난 횟

수는 총 30건이 넘었다. 이러한 움직임은 물론 빙산의 일각일 뿐이다. 언론 통제 아래에서 항의 행동이 대규모로 확대되지는 못했다고 해도, 그 배후에는 상당수 사람들의 불만이 존재했다고 보아야 한다. 또 농촌에서는 농작물의 통일 수매와 통일 판매 정책에 대한 불만, 또 (도시) 노동자와의 생활 격차에 대한 불만이 확산되어, 일부 농민들이 합작사(협동조합)에서 탈퇴하는 움직임까지 생겨났다.

**흔들리는
공산당 지도부**
이런 나라 안팎의 정세 속에서 공산당 지도부 안에서는 심각한 의견 대립이 나타났다. 사회주의화를 통해 경제 발전과 군사력 강화를 도모하고자 하는 기본 노선은 이미 확정되었지만, 그것을 추진하는 속도나 방법을 둘러싸고 커다란 의견 차이가 생겨났던 것이다.

1956년 9월에 열린 제8회 전국대회의 기본 방향은 류사오치(劉少奇), 저우언라이, 천원(陳雲) 등 다수파의 생각을 반영하여 비교적 신중한 사회주의화 노선으로 사태를 해결하고자 하였다. 경제 발전 방향성에 대해서는 "중공업 발전 속도를 늦추자고 하거나, 중공업만을 일방적으로 강조하여 경공업과 기타 경제 부문의 발전 속도를 늦추자고 하는 발상은 둘 다 잘못이다"고 비판하며, 농업과 경공업도 배려한 균형 잡힌 공업 발전을 지향한다는 방침이 나왔다(류사오치 〈정치보고〉). 제2차 5개년계획에 관해 설명하러 나온 저우언라이 총리도 "인민 소비생활 수준의 향상을 고려하여" 경공업 투자 비율을 올리고, 농림수산업 투자 비율을 제1차 5개년계획의 7.6퍼센트에서 10퍼센트가량으로 올리겠다고 힘주어 말했다. 농업집단화에 대해서는, 과도한 집단화를 피하여 농민의 자발성을 존중하겠다는 신중한 자세를 보였다. 또 국제 정세에 대해서는 제2차 세계대전 이후 전 세계의 사회주의 세력, 민족독립 세력, 평화민주 세력의 발전으로 "세계의 항구적인 평화가 실현될 가능성이 이미 열리고 있다"는 전망이 강조되었다. 다시 말하자면 소련과 군사동맹을 맺거나 전 세계 우호 세력과 연대해 나간다면, 중국이 굳이 독자적인 힘으로 지나친 군사력 강화를 지향할 필요는 없다는 판단을 내리고 있었음을 의미한다.

그런가 하면 중앙정부에는 소수파이기는 해도, 1955년 즈음 회의에서 나온 "농업집단화의 속도에서 보면 공업화도 속도를 높여야 한다," "사회주의화가 너무 느리다"라는 발언에서 알 수 있듯이, 급진적 사회주의 노선을 신봉하는 그룹도 생겨나기 시작했다. 이런 생각에 경도된 이들 가운데 한 사람이 가장 유력한 지도자 마오쩌둥이었다는 점은 중국으로서 불행한 우연이었다고 할 수 있다. 그러나 급진적 사회주의에 희망을 건 이는 결코 마오쩌둥 한 사람만이 아니었다. 사실 제8회 대회에서도 "15년 만에 공업화를 달성하고, 50년 만에 강대한 공업국이 된다"는 식으로 지나치게 높은 경제 발전 목표가 설정되었다. 또 급진론이 세력을 키우는 구실이 된 "뒤처진 생산력과 앞선 생산관계 간의 모순"을 극복해야 한다는 인식이 혼재해 있었다. 다시 말해서 중하급 간부 계층 사이에는 급진적 사회주의 노선을 수용하는 기반이 존재하고 있었던 것이다. 또 군부에서는 소련에 의존하지 말고 핵무기 개발과 방공 시스템의 정비를 포함하여 중국 스스로 군비 증강을 서둘러야 한다는 셰젠잉 (葉劍英) 같은 이의 주장도 많은 지지를 얻고 있었다.

뒤에 다시 살펴보겠지만, 마오쩌둥 등은 1958년에 일반적인 당 운영에서는 있을 수 없는 '제8회 전국대회 제2회 회의'라는 이례적인 회합을 소집하여, 국제 정세의 변화를 이유로 내걸면서 사회주의화를 가속하는 방향으로 무리하게 방침을 수정하려 하였다. 대약진이라는 격동이 다가오고 있었다.

중화학공업에 대한 초조감

공산당 정권의 정치적·경제적 난항을 급진적 사회주의화 정책으로 타개하고자 하는 마오쩌둥 일파가 점차 소련과 대립을 심화시켜 나가면서 종래의 소련 모델과는 다른 사회주의를 모색하여 밀어붙인 것이 대약진운동이었다.

이미 1957년 1월 지방 간부를 모은 회의에서(성·시·자치구 공산당 당위원회 서기회의), 마오쩌둥은 "재작년은 우경화에 반대하였고, 작년은 급진주의에 반대하였다. 급진주의에 반대한 결과 또다시 우경화되었다"고 발언하고, 제8회 당대회가 결정한 비교적 신중한 사회주의화 노선에 대해 자신의 비판적 입장을 표명했다. 그리고 같은 해 6월부터 백가쟁명의 방침을 뒤집어 '반우파' 투쟁을 전개한 후, 10월의 공산당 제8기 제3회 중앙위원회(八期三中委, 8기3중전회—옮긴이) 자리에서 마오쩌둥은 더욱 명확하게 1956년의 급진주의 비판에 반대하는 견해를 뚜렷이 한다. 백가쟁명의 호소에 응한 지식인들의 발언 가운데 "공산당은 공적을 세우려 지나치게 서두르고 있다," "급진주의에 따른 손실 쪽이 보수주의에 의한 손실보다 크다" 등의 주장이 있다면서, 마오쩌둥은 급진주의 비판을 인정하는 것은 결국 공산당의 입장을 약화시키는 것으로 이어질 것이라며 위기감을 나타냈다. 또 제8회 대회가 결정한 방침에 따라 조정이 이뤄진 결과, 1957년 전반의 경제활동 일부에서 하락 경향이 나타난 것도 마오쩌둥의 불만을 부추겼다. 이리하여 중국공산당 8기3중전회는 중화학공업을 중심으로 경제 발전의 가속을 꾀하는 방향으로 제8회 대회의 방침을 변경하는 첫걸음이 되었다.

1957년 11월 모스크바에서 열린 64개국 공산당노동자당회의에 출석한 마오쩌둥은, 회의에 앞서 열린 러시아혁명 40주년 기념식에서 흐루쇼프의 발언(15년 안에 소련은 미국을 앞지를 것이다)에 자극을 받아, "15년 안에 중국은 영국을 앞지를 것이다"라는 라이벌 의식을 너무도 확실하게 드러냈다. 중국으로 돌아온 마오쩌둥은 1958년 1월부터 4월까지 항저우(杭州, 저장 성), 난닝(南寧, 광시 성), 청두(成都, 쓰촨 성) 등 전국 곳곳을 돌면서 회의를 열고, 당내에 자신의 생각을 호소하고 다녔다. 1월의 난닝회의에서 "위험을 무릅쓰고 전진하는 것을 반대하는 것은 마르크스주의답지 않으며, 위험도 돌아보지 않고 전진을 꾀하는 것이 마르크스주의다"라고 갈파한 마오쩌둥에게, 견실하게 전진하자고 호소한 1956년의 제8회 대회의 사회주의화 방침은 견딜 수 없는 것이었다.

소련에 의존한 안전보장이라는 사고방식에 대해서도 반발이 커져 갔으며, 앞에서 나온 1957년 10월의 국방신기술협정을 중국과 소련 양국이 받아들이는 방식에서도 큰 차이가 생겨나고 있었다. 소련이 중국을 휘하의 동맹국 자리에 두려고 한 반면, 중국은 어디까지나 독자적인 군수공업을 구축하기 위한 발판으로 소련과 동맹 관계를 생각하는 경향이 강했기 때문이다.

그리고 1958년 5월 마오쩌둥의 주도 아래 공산당 제8회 대회 제2회 회의라는 변칙적인 회의가 열려 "많이, 빨리, 질 좋게, 낭비 없이 건설한다"(多快好省地建設)를 당 전체에 호소하기에 이른다. 이른바 대약진을 향한 포성이 울렸다.

**허망한
고도성장 계획**

공업은 연간 성장률 26~32퍼센트, 농업은 연간 성장률 13~16퍼센트라는 비정상적으로 높은 경제성장률이 목표치로 제시되었다. 또 이 목표를 생산 설비의 새로운 증설을 통해서가 아니라, 재래 기술과 민중의 힘을 총동원함으로써 달성하기 위해 열광적인 건설 붐이 조성되었다.

열병에 걸린 듯한 기세로 연거푸 갱신되는 철강 생산량의 목표 수치를 예로 들어 보면 이렇다. 원래 1958년 목표는 그해 1월에 공산당 난닝 회의(九省二市 書記會議)가 열린 시점에는 1957년 실적인 535만 톤을 감안하여 625만 톤이었다. 17퍼센트라는 상당한 증산 계획이다. 그런데 3월의 청두회의(中央工作會議)에서는 33퍼센트 늘어난 711만 톤이라는 목표치가 제기되었고, 5월에 열린 공산당 정치국 회의는 그 목표를 간단히 800만~850만 톤으로 올렸다. 더구나 지도부 안에서 대약진을 선동하는 분위기가 정점에 이른 8월의 베이다이허회의(北戴河會議, 정치국 확대회의)는 1957년에 거둔 실적의 곱절이나 되는 1,070만 톤이라는 계획 목표를 결정했다. 이 회의는 1959년의 목표를 2,700만~3,000만 톤으로 설정하고 있다.

철강 생산 같은 대규모 설비투자를 필요로 하는 공업 생산에서 겨우 2년 만에 생산을 다섯 배로 올리겠다는 계획은 그야말로 계획이라고 이름 붙일 수도 없는 무모한 발상이었다. 그러나 사회주의를 내걸고 15년 뒤 영국을 앞서기 위해서라면 무엇이든 해야 한다는 마오쩌둥 그룹의 생각은 진심이었다. 원료와 에너지, 노동력 등을 철강 생산을 비롯한 중화학공업 부문에 집중하고, 민중을 동원하여 소규모 용광로를 대량으로 증설한다면 목표를 달성할 수 있으리라 굳게 믿었던 것이다.

농업 생산에서도 사정은 마찬가지였다. 정확하게 말하면 상식 밖으로 과장된 농업 생산 성과가 마치 사실인 것처럼 보고되었고, 그것이 하나의 근거가 되어 중화학공업 부문으로 집중적 투자가 가능하다고 믿었다. 1958년 6월부터 9월에 걸쳐, 공산당 중앙이 발행한 《인민일보》나 당 지방 조직이 발행한 신문들은 밀과 쌀의 상식 밖의 높은 수확량을 연달아 보도했다. 예를 들어 6월 12일 허난 성 수이핑 현(遂平縣)의 한 마을에서 밀 생산량이 1무(약 667제곱미터)에 3,530근(1근은 500그램)이나 되었다고 전했고, 같은 달 30일에는 허베이 성 안궈 현(安國縣)에서 1무당 5,103근을 기록했다고 보도되었다. 환산하면 1천 제곱미터당 수확이 각각 2,600, 3,800킬로그램을 넘게 된다. 오늘날 일본의 평균 1천 제곱미터당 밀 수확이 400킬로그램 정도인 것을 고려하면, 상식을 벗어난 수치라고 할 수밖에 없다. 쌀도 마찬가지였다. 8월 13일 후베이 성 마청 현(麻城縣)에서 1무당 3,690근, 푸젠 성 안난 현(安南縣)에서 1만 근이라는 숫자가 보고되었다. 마찬가지로 환산해 보면, 1천 제곱미터당 생산량은 각각 2,700, 7,500킬로그램이 되어, 이것 역시 현대 일본의 평균 수확량이 500킬로그램 정도인 것에 견주어 보면 지극히 비현실적인 숫자였다. 농업 생산의 향상을 둘러싸고, 상식을 벗어난 과대 보고와 그것에 근거한 대대적 캠페인이 일어났던 것이다.

또 앞에서 살펴본 1958년 8월부터 10월까지 벌어진 진먼 섬 포격 역시 국제적 긴장을 배경으로 애국심을 선동하여 민중을 대약진 정책 추진으로 손쉽게 동원할 수 있게 했다고 지적되고 있다.

4. 추락하는 '대약진' 정책

인민공사 소규모 간이 용광로(토법고로土法高爐)를 이용한 제철이나 댐 건설에 수많은 민중이 동원되었다. 동시에 땅을 깊게 갈고 작물을 촘촘히 심어 증산을 꾀하는 농사법(심경밀식深耕密植)이 장려되었으며, '인민공사'(人民公社)라고 불리는 대규모 집단농장화가 추진되었다.

1958년 7월 무렵 전국 3만 곳의 마을과 공장, 군 주둔지, 학교 등에 벽돌을 쌓아 만든 간이 용광로가 세워지고, 공산당의 캠페인으로 9월 말까지 전국 60만 곳으로 확대되었다. 이러한 용광로의 대부분은 그때까지 제철업과 전혀 상관이 없었던 사람들이 대충 눈동냥으로 벽돌을 쌓아 올려 만들거나, 기와나 도기를 굽던 가마를 단순 개조한 것들로서, 용적 1세제곱미터 정도의 노(爐)가 태반이었다. 원료인 석탄을 확보할 수 없는 경우는 숯을 사용했고, 철광석이 부족하면 쓸모없는 냄비나 솥을 녹이기도 했다.

농업 증산을 위해 장려한 방법 가운데 하나가, 종래는 40센티미터 정도이던 경운 작업의 심도를 바꾸어 1미터 정도까지 지면을 깊이 파

토법고로를 만들고 있는 민중들 토법고로를 만들기 위해 남녀노소 할 것 없이 수많은 민중이 동원되었다(쑤저우, 1958년,《老照片》11, 20쪽).

서 일구는 것(深耕)이었다. 확실히 깊게 땅을 갈면 곡물의 뿌리가 땅속 깊숙이 뻗어 크게 자라게 된다. 또 다른 방법은 촘촘히 모종을 심는 밀식(密植)이었는데, 벼의 경우 1제곱미터당 60~75포기를 채워 심는 것이 표준이 되었다. 이것 역시 단위면적당 수확량을 늘리려는 발상에서 나온 방침이다.

농업 경영의 대규모화와 집단화가 추진되어, 8천~1만 호 규모의 '인민공사'라는 집단농장이 각지에 출현했다. 같은 공사에 소속된 모든 농민의 토지, 가축, 농기구 등이 인민공사의 공동소유가 되었다. 농업 생산을 통일적으로 경영하게 되었으며, 개별 농민 가족에 대한 식량 배급이나 생활용품의 공급 역시 통일적으로 관리·운영되었다. 가족끼리 즐기는 단란한 식사나 가정에서 하던 육아, 노인 부양을 대신하여, 공공 식당

대약진 시대의 공공 식당 효율을 높이려고 생활 전반의 공동화(共同化, 共産風)가 추진되었으나, 오히려 낭비가 늘어났다(1958년,《老照片》7, 22쪽).

과 탁아소, 유치원, 양로 시설 등을 새로 증설하여 이용하도록 장려하는 '공산풍'(共産風)이라 불리는 풍조가 확산되었으며, 생활의 집단화가 강제되었다. 이렇게 하면 생산성이 높아지고 공산주의가 실현되리라 생각했던 것이다.

1958년 10월 28일에 산둥 성(山東省) 판 현(范縣)에서 열린 민중 집회는 "누구든지 무료로 신선한 고기와 생선, 과일이 가득한 식사를 맛볼 수 있고, 매일 다양한 의복을 즐길 수 있는 새로운 낙원"인 공산주의를 1960년까지 실현하겠다고 선언했다. 10월 중반 후베이 성 당양 현(當陽縣)에서 열린 인민공사 대회에서는 11월 8일부터 공산주의를 개시한다고 보고했다. 각지 농촌에서 이처럼 공산주의의 꿈이 선전되고, 민중 동원이 기획되었다.

하지만 토법고로, 심경밀식, 인민공사는 어느 하나도 뜻한 목표를 달성하지 못한 채 끝나 버렸다. 아니, 오히려 참화의 원인이 되었다고 하는 편이 정확하다. 한편 중공업을 우선적으로 발전시키려는 정책 아래에서, 종래에는 경공업 부문에 이용되던 에너지나 원재료, 노동력을 중공업 부문으로 돌리는 사태가 곳곳에서 일어났다. 동북에서는 1958년 8~9월에 경공업 부문으로 가던 전력 공급량을 종래의 3분의 2로 억제하는 바람에, 종이 제조량이 10만 톤이나 감소했다. 베이징의 한 칼날 제조 공장에서는 300명이 넘는 노동자가 철강 부문에 차출되어, 남은 20명 정도의 인원으로 종래 생산량의 10퍼센트 정도만을 근근이 이어 가는 판국이었다.

봉쇄된 비판　　1958년 대약진운동이 시작될 당시에는 위세 좋게 캠페인이 전국을 뒤덮고, 냉정한 판단을 내릴 전문가들은 1957년의 '반우파' 투쟁으로 침묵할 수밖에 없었다. 그러나 대약진이 빚어 낸 사태가 분명해짐에 따라, 1958년 말부터 1959년에 걸쳐 각지에서 비판이 쏟아졌다. 아무리 마오쩌둥이라도 이러한 비판을 어느 정도는 수용할 수밖에 없었고, 1959년 4월 류사오치에게 국가주석의 자리를 내주었다. 그런데 그해 여름 뤼산회의(廬山會議)에서 펑더화이(彭德懷)를 비롯한 이들의 격렬한 비판에 직면한 마오쩌둥은 거꾸로 반격에 나서 비판을 봉쇄하고, 이듬해 1960년에는 대약진 정책의 재현까지 시도하여 중국 경제가 입은 상처를 벌려 놓았다.

뤼산회의란 1959년 7월부터 8월 사이에 피서지인 뤼산(廬山, 장시 성江西省)에서 개최된 공산당 중앙의 정치국 확대회의와, 그 회의 결과를 받아 이어서 개최된 공산당 제8기 제8회 중앙위원회의 총칭이다. 처음에는 대약진 정책을 비판적으로 총괄하기 위해 여러 자료를 준비하고 있었다. 그러나 회의에서 일부 지방 간부들이 대약진의 성과도 평가해야 한다고 발언하면서, 마오쩌둥도 이런 의견을 근거로 삼아 부분적으로는 비판을 하면서도 전체적으로는 대약진을 긍정적으로 총괄하려고 했다. 그러자 당시 국방장관의 자리에 있던 펑더화이는 대약진을 비판하는 발언을 반복했음에도 이러한 비판이 충분히 회의 결론에 반영될 것 같지 않다고 판단하고 7월 14일 의견서를 정리했다(中共中央文獻研究室 編, 《建國以來重要文獻選編》第十二冊). 동향의 친구이자 30년 혁명운동의 동지였던 펑더화이가 생각할 때, 자신이 마오쩌둥에게 의견서를 써 내는 것이 그렇게 튀는 행동은 아니었을 것이다.

의견서는 "우리들의 사상과 활동 스타일" 문제로서 첫 번째로 "붕 떠 있는 기분으로 사실을 과장되게 말하는 분위기가 확산되고 조장된 점"을 다음과 같이 지적했다. "미곡 생산량에 관한 추계가 과대하게 보고되자, 이제 모두들 남은 것은 공업 발전에 전력을 기울이기만 하면 된다는 기분에 사로잡혀 있다. 철강업을 발전시킨다는 사고방식에도 중대한 편향이 나타났다. 정련(精鍊)과 압연(壓延) 설비, 석탄·철광석·코크스 설비, 갱목의 확보, 운송 능력, 노동력 증강, 구매력 확대, 시장과 상품의 배분 같은 문제에 대해서 진지한 검토가 이뤄지지 못했다. 요컨대 우리가 추구해 온 균형 잡힌 계획이 결여되어 있었다."

펑더화이 의견서는 과거에 대한 두 번째 문제로 "나 자신이나 다른 적지 않은 동지들이 모두 대약진의 성과와 대중운동의 열기에 홀린 나머지 극좌적인 경향을 상당한 정도까지 키우고 말았으며, 조금만 더 하면 공산주의로 진입한다며 서로 선진임을 다투는 발상에 빠졌다"고 자기비

현지 시찰 중에 농민과 이야기하는 펑더화이 농촌의 실정에 밝은 지도자 가운데의 한 사람이었으며, 대약진을 격렬히 비판했다가 마오쩌둥의 반비판으로 실각했다(허난, 1958년 5월,《近代化への道程》, 44쪽).

판하고 있다. "몇 가지 정책 목표의 수치는 자꾸만 올라가, 애초에 수년 또는 십수 년이 걸려 겨우 달성 가능한 정도의 수치가 1년 또는 몇 달 만에 달성해야 하는 목표 수치가 되고 말았다. 그리하여 정책 목표는 현실에서 동떨어진 것이 되었고, 일반 민중의 지지 역시 얻지 못하게 되었다. …… 미곡이 풍작이었던 일부 지역에서 식량의 판매관리 제도를 철폐하고 마음대로 먹는 방침을 제기한 것, 충분한 조사도 하지 않은 채 새로운 기술을 보급하고 경제 법칙이나 자연과학의 원리가 너무나 간단하게 부정되어 버린 것, 이 모두가 일종의 극좌적 경향이었다."

회의 출석자 가운데 장원텐(張聞天)을 비롯해, 펑더화이의 솔직한 자기비판에 귀를 기울이고 찬성을 표명한 간부들도 적지 않았다. 하지만 마오쩌둥은 이런 움직임에 강하게 반발하여, 끝에 가서는 결국 의견서를 반당(反黨) 문서라고 몰아붙이고 펑더화이와 그 동조자들에 대해 맹렬한 반비판(反批判)을 펼쳤다. 그 결과 대약진 정책의 궤도 수정은 더욱 지체되었다.

비참한 결과　　결말은 비참했다. 간이 제철법으로 만든 철은 품질이 떨어져 쓸모가 없게 되었다. 1959년 8월에 저우언라이가 보고한 바에 따르면, 1958년에 제조되었다고 보고된 1,369만 톤 가운데 416만 톤은 간이 제철법으로 만든 것이었는데, 유황 성분 등이 많이 섞여 있어 기계공업에 쓸 만한 강도에 미치지 못했다. 그만큼 실질적인 생산량은 적었다. 이뿐 아니라 방대한 자원과 노동력의 낭비로 인한 타격도 컸다. 한쪽에서는 간이 제철법으로 원료가 낭비되고, 다른 한쪽에서는 안산이나 우한의 근대적 대형 제철소가 원료 부족으로 조업을 계속할 수 없게 되는 사태가 나타났다.

농업에서 '심경밀식'도 큰 실책이었다. 화북에서는 땅을 깊게 갈면 알칼리 성분이 많은 토양이 표층으로 나오기 때문에, 토질을 현저하게 악화시킨다. 또 촘촘히 작물을 심어 놓은 논은 바람이 통하지 않아 병충해가 들끓었다. 규모가 커진 집단농업은 개별 농가의 근로 의욕을 떨어뜨려 오히려 생산성을 낮추었다.

대약진 시기에 농업 생산이나 공업 생산이나 '증산 달성'이라는 각지의 보고는 허위에 찬 것임이 판명되었다. 기계의 유지 관리를 뒤로 미루고 증산만을 추구한 조업 시간 연장은 기계 설비를 마모시키고 파손시켜 제품의 품질을 떨어뜨렸다. 결과적으로 농업 생산은 저조했으며 농업은 연이은 대흉작을 겪었고, 중국 경제는 전면적인 붕괴 위기 직전까지 내몰렸다. 현재 발표된 공식 통계에 따르면, 1959년의 미곡 생산은 전년보다 3,000만 톤, 즉 15퍼센트가 감소하였으며, 다시 1960년에는 2,650만 톤으로 16퍼센트가 감소했다. 면화나 미곡의 1960년 생산량은 거의 1951년 수준으로 되돌아갔다. 저조하던 경공업 생산 역시 1960년에는 다시 9퍼센트 줄어들었다. 면사와 면포는 30퍼센트 가까이 생산이 줄었고, 설탕 등 일부 식품처럼 60퍼센트나 줄어든 품목은 품귀 현상까지 일어나 구하기도 어려워졌다.

국영기업이 납부하는 이윤, 농업세, 공상세(工商稅, 물품 판매에 따른 과세) 같은 주요 재원이 줄줄이 감소하는 와중에 대규모 투자를 지속한 탓에, 국가 재정은 적자가 나서 통화를 더 많이 발행해야 했다. 그래서 1958년부터 1960년까지 3년 동안 누계 적자가 169억 위안에 달했다. 그 무렵 연간 재정 규모가 500억 위안 정도이던 중국에서 이 액수는 결코 작은 것이 아니었다. 통화 발행이 늘어나는 한편 물가 공급이 부족했기 때문에, 자유 시장에서는 물가가 폭등했다. 국영기업이 생산하는 제품 가운데 부족한 품목은 10배 이상으로 가격이 올라간 것도 있었다.

여러 가지 수치를 제시했지만, 사실 그 무렵은 경제통계 시스템 자체가 혼란스러운 상태에 놓여 있었기 때문에 전국적 상황을 정확하게 파악하는 것이 불가능했다. 다만 광범위한 도시와 농촌 지역에서 날마다 끼니조차 잇기 어려운 심각한 상황이 연출되었음을 오늘날에도 중국 사람들은 똑똑히 기억하고 있다. 어른도 아이도 기아에 시달렸고 유아나 노인 등 약자들 사이에는 질병이 증가했다. 도시 주민 가운데에는 들풀을 뜯으러 나선 사람도 있었다. 영국령 홍콩의 우편국에서는 대륙에 있는 친척이나 친구에게 먹을 것을 보내려는 사람들로 장사진을 이루었다.

허난 성 상청 현(商城縣)의 농촌에 살고 있던 구준(顧准)이라는 사람은 몰래 쓴 일기에서 이렇게 적고 있다. "어젯밤, 길가에 쓰러져 있던 행인의 사체 두 구를 매장. 타지에서 왔으나 일할 곳을 못 찾은 사람으로, 몸에 4위안밖에 지니고 있지 않았다"(1959년 12월 17일), "펑티에(彭鐵, 이웃 농민)가 하는 말이, 자기 집은 모두 [영양실조로] 부종이 생겨나 일가족이 다 죽어 가고 있다고 한다"(12월 19일), "상청 현에서는 인육을 먹는 사건이 두 건 발생했다"(12월 22일,《구준의 일기》顧准日記, 재정경제 부문 간부였던 구준은 반우파 투쟁 때 비판받아 농촌에서 재교육을 받고 있었다). 그 후에 공표된 인구통계에 기초하여 추계해 보면, 식량도 물자도 부족한 이 시기에 농촌 지역을 중심으로 전국에서 적어도 2천만 명 이상이 기아나 영양실조로 사망했다. 그야말로 참상이었다.

티베트의 반란 대약진의 혼란이 확산되던 1959년, 티베트에서 중국 정부에 대항하여 사상 유례가 없는 규모로 반란이 발생하여 독립을 선포하는 사건이 일어났다.

원래 1951년 중화인민공화국이 티베트를 통치할 때의 조건은 종래의 정치제도를 변경하지 않고(17개조 협정 제4항), 고유의 종교 신앙, 풍속, 습관을 존중한다(제7항)는 것이었다. 그러나 1955년 3월에 티베트자치구 준비위원회가 설립되자 통화와 군대의 통합이 실시되었고, 이와 동시에 자치구 영역이어야 할 진사 강(金沙江) 동쪽 지역이 분리되어 쓰촨 성에 편입되었다. 이 모두가 티베트 측의 반발을 초래할 수밖에 없는 조치였다. 중국 전역을 급진적 사회주의 노선이 뒤덮게 되자, 사회경제적 압박에 견디기 어려웠던 티베트 곳곳의 민중이 중국 정부에 맞서 반란을 일으키기 시작했다. 공산당 문헌에 따르면, 1958년에 칭하이 성(青海省, 티베트자치구에 이웃한 성)에서 일어난 반란의 경우 참가자가 13만 명에 달했는데, 그중 11만 명이 군의 진압 작전으로 죽거나 부상당하거나 체포되었다.

뒤숭숭한 상황이 확산되는 가운데, 마침내 1959년 3월 티베트 전역에서 중국 정부에 반대하는 대규모 반란이 발생했다(티베트 봉기). 직접적인 계기는 티베트의 종교적·정치적 지도자로서 민중들의 존경과 사랑을 받고 있던 달라이 라마 14세가 티베트의 새해 축하 집회를 빌미로 베이징에 이송되어 중국 정부의 감시 아래 놓였다는 소문(사실 여부는 밝혀지지 않음)이 흘러나왔기 때문이었다. 주체성이 한층 제약받는 것에 커다란 불안감을 느낀 티베트 사람들은 3월 10일, 달라이 라마가 살고 있는 여름 궁전을 둘러싸고 중국 정부의 일련의 정책에 대해 반대의 목소리를 높였다. 또 같은 날에 열린 승려와 관료 등 티베트 유력자의 '인민회의'는 "오늘부터 티베트는 자주독립의 정교일치 국가가 될 것"이라고 선언하고, 독자적인 정치체제 확립과 군 편성을 위한 준비에 속도를 높였다.

이러한 움직임에 대하여, 중국 정부는 3월 20일부터 본격적인 무력 진압에 들어갔다. 반란군과 정부군의 전투는 치열해졌고 1962년 3월까지 사망하거나 부상당하거나 포로가 된 반란군 세력은 9만3천 명에 달했다고 한다. 정부 측 자료에 기초한 모리 가즈코(毛里和子) 교수의 계산에 따르면, 귀족 등 티베트의 전통 지배층 가운데 4분의 3, 승려의 60퍼센트가 반란에 참가했다. 또 대규모 군사 충돌이 시작되기 전날인 3월 17일 밤, 달라이 라마 14세는 라싸를 탈출하여 26일 로카에서 '티베트임시정부'의 성립을 선언했다. 그 뒤 4월에 망명지인 인도로 옮겨 오늘날에 이르고 있다.

중국 정부는 무력 반란을 철저하게 진압하는 작전을 밀어붙이는 한편, 토지제도를 비롯한 기존 정치경제 체제를 뿌리째 바꾸는 정책을 추진했다. 그들이 '민주개혁'이라고 부른 갖가지 정책에는 귀족 자산의 몰수, 귀족을 위한 노동력 봉사 제도의 철폐, 소작료와 대부 이자의 인하를 비롯하여, 봉건 농노주의 토지 소유제 철폐, 농민적 토지 소유의 실현, 승원(僧院) 개혁 등이 포함되었다. 티베트 체제는 크게 바뀌었다.

중국 정부가 말한 민주개혁이 어떤 의미를 띠든지 간에, 중국 군대의 가혹한 탄압으로 티베트인들이 입은 희생은 대단히 컸다. 중화인민공화국 정부에 대한 그들의 불신감은 오늘날까지도 사라지지 않았다. 또 티베트를 옹호한 인도와 중국 사이에 긴장이 고조되어 양국 관계가 악화되었다. 1959년 8~10월에는 소규모 국경분쟁까지 발생하여, 1962년 중국과 인도 두 나라 군대가 대규모 충돌에 이르게 되는 씨앗이 뿌려졌다.

4장

시행착오를 겪는 사회주의

돼지 사육을 시작하려고 종돈을 구입하고 있는 농민들　농가가 부업으로 양돈업을 하는 것까지도
인정하였다(《中華人民共和國歷史圖志》上, 220쪽).

1. 경제조정 정책

시장경제의 부분적 부활 1960년 중반 이후 마침내 대약진 정책에 대한 본격적인 수정이 시작되었다. 국가가 농촌에서 조달하는 곡물 양이 1960년 5,105만 톤에서 1961년이 되면 4,045만 톤으로 20퍼센트 넘게 인하되었으며, 1961년부터 1962년에 걸쳐 총 1,075만 톤의 곡물이 수입되는 등 압박받고 있던 식량 사정에 대해 긴급 대책이 실시되었다. 농촌 지역에서는 인민공사의 규모 축소가 시도되었다. 작은 범위에서라면 농민이 자신의 '작은 텃밭'(自留地)을 만들어 여러 농작물이나 달걀, 손으로 만든 가공식품, 의복류 따위를 지역 시장에서 자유롭게 판매할 수도 있었다. 음식물을 낭비하는 등 폐해가 컸던 농촌 지역의 공공식당은 폐쇄되었다.

안후이 성, 광시 성을 비롯한 일부 지역에서는 농민이 촌에서 토지를 빌려 도급(請負) 경작을 하는 움직임도 확산되었다. 이러한 정책 수정은 실제로는 공인되지 않은 거래 시장으로 생겨난 암시장을 비롯해 이미 농민들 사이에 존재하는 움직임을 당국이 추인한 것에 지나지 않는 경우가 많았다. 집단 경영이 주요한 역할을 담당한다는 농촌 생산의 기본

구조가 변경된 것은 아니었다. 그러나 부분적으로 고쳤다고는 해도, 농촌 지역에서 시장경제가 부활함으로써 확실히 식량난이 완화되고 농민의 생활도 향상되었다. 현대 중국 농촌의 격동을 훌륭하게 영화로 만든 〈부용진〉(芙蓉鎭, 셰진謝晋 감독, 1986)은 주인공인 여성이 남편과 문을 연 이 무렵의 작은 쌀두부(米豆腐) 제조 판매점이 마을 사람들에게 환영받아 번성하는 정경을 그리고 있다.

도시 지역에서도 상품유통에 대한 규제가 완화되어, 개별 상점이 상품을 들여와 판매할 수 있는 재량 폭이 확대되었다. 소비를 자극하고 시장 확대를 꾀하기 위해 고급 음식점 영업이나 비교적 값비싼 과자류 제조 판매 역시 허용되었다.

시장경제의 부분적 부활을 비롯한 일련의 정책은 1961년 1월의 공산당 제8기 제9회 중앙위원회 이후 차례로 명문화되어, 나중에 경제조정 정책이라고 불리게 되었다. 농촌의 시장경제에 관련이 깊은 '농촌인민공사 공작조례'(農村人民公社工作條例)를 예로 들면, 같은 해 3월에 처음 초안이 마련된 뒤 6월에 방향 조정을 명확히 한 수정 초안이 공산당 지도부로부터 전국으로 전달되었다. 상업 분야의 문제에 관해서도 역시 1961년 6월 공산당 지도부가 마련한 '상업 공작의 개선에 관한 약간의 규정'(시행 초안)이라는 문서가 전국에 시달되었다.

물론 경제조정 정책은 여기에 그치지 않았다. 대약진 정책으로 막대한 피해를 입고 3년 동안 연이어 흉작을 겪고 있던 농업 그 자체의 진흥을 꾀해야 했으며, 일용품을 제조하는 경공업 분야에 대한 지원도 시급한 과제였다.

**농업과 경공업
진흥 정책**
농업을 진흥시키기 위해 취한 정책은 우선 첫째로 농업세를 인하하고 국가의 농산물 수매 가격을 인상하는 것이었다. 1961년 농업세는 전년도보다 29퍼센트 인하되었으며, 같은 해 곡물 수매 가격은 전년도보다 평균 25퍼센트 인상되었다. 이렇게 농업에 종사하는 농민들의 손에 이익을 남겨 둠으로써 농업 생산에 대한 의욕을 자극한 것이다.

둘째로 농업 분야에 대한 투자가 확충되어, 서방 진영 국가들로부터 화학비료를 수입하기도 하고, 비료 농약 제조 플랜트를 수입하는 등 지원책이 취해졌다. 이런 과제를 실현하기 위해서 외교정책과 연동시킬 필요가 있었으므로, 미국이나 소련과 대결하는 자세는 계속 유지하더라도 서방 진영의 다른 국가들이나 일본과는 관계 개선을 시도했다.

셋째, 농촌의 부담을 경감해 주기 위해, 도시 인구를 정책적으로 줄여 나가는 사업이 실시되었다. 예를 들어 1962년 5월에 열린 당 및 정부 지도부 회의는 1961년 말의 노동자 인구가 4,170만 명, 도시 인구가 1억2천만 명임을 감안하여, 2년 안에 노동자 수를 1천만 이상, 도시 주민을 2천만 명 이상 줄인다는 목표를 세웠다. 그 후 갖가지 정치교육과 설득, 지원 활동을 펼쳤음에도 실제로 줄일 수 있는 노동자 수는 100만 명 정도, 도시 주민의 감소 수는 1,500만 명 정도에 그쳤다. 그래도 이런 사업을 통해 농업 생산을 지원하면서 공업 투자를 자극하도록 촉진할 수 있었다는 의미는 크다.

공업 분야에서는 투자 대상을 줄이고 조정하여, 생산성이 낮은 과잉 생산 설비가 폐쇄되고 일용품을 생산하는 경공업 분야의 생산을 확충하는 데 주의를 기울이게 되었다.

투자 삭감을 살펴보자면, 공산당 지도부와 정부의 국가계획위원회, 국가건설위원회가 거듭 지시를 내린 결과, 1961년 설비투자와 각종 건설 공사의 합계액은 127억 위안으로 1960년의 261억 위안에 비해 큰 폭으로 줄어들었다. 석탄과 목재, 운수, 광석 등 중요 물자의 생산에 관련된 투자를 제외하면 일률적으로 삭감 대상이 되어, 급할 것 없는 빌딩 건설 같은 투자는 과감하게 삭감되었다. 또 대약진 시대에 난립한 지방의 소규모 공장은 1961~1962년 2년 사이에 4만4천 곳 넘게 폐쇄되었다. 생산성이 낮고 제품 품질에도 문제가 있는 공장이 많았기 때문이다.

한편 앞에서 살펴보았듯이, 농업을 지원할 화학비료 공장과 의복 원료를 공급할 화학섬유 공장이 이 시기 서유럽 국가들이나 일본의 투자로 건설되었다. 일본의 경우 1963년에 구라시키레이온(오늘날 구라레이)이 개발한 합성섬유의 제조 설비(당시 통칭 비닐론 플랜트라고 불렸다)를 수입하는 계약이 체결되었다.

중화학공업에 대한 집착

대약진 정책의 실패를 인정하게 되었다고는 해도 실패의 주된 원인은 자연재해였다고 규정함으로써, 대중 동원에 기댄 고도경제성장 정책에 대한 근본적인 비판은 제기되지 않았다. 국가주석에서 물러난 마오쩌둥도 공산당 내에서 당 주석으로 수장의 지위를 계속 지켰다. 1960년 경제계획은 "세계 과학기술의 정상에 도달한다"는 목표를 내걸고, 그해부터 막대한 자금과 에너지가 들어가는 핵무기 개발이 시작되었다. 이 개발계획은 조정 정책 아래에서도 계속되었다. 화근은 남아 있었던 것이다. 뒤에 다시 살펴보겠지만, 마오쩌둥은 사회주의 교육 운동을 호소하는 등 다시 급진적 사회주의화 정책에 도전할 기회를 엿보게 되었다.

공산당 회의 사진 경제조정 정책이 추진되던 시기, 공산당 지도부 사이에 커다란 골이 생겨
나고 있었다. 회의가 거듭되었고, 담소를 나누는 사이에도 긴장감이 흘렀다. 왼쪽부터 저우
언라이, 천윈, 류사오치, 마오쩌둥, 덩샤오핑(1962년 초).

원래 농업과 경공업 진흥을 중시하는 조정기의 방침 자체가 중화학공업화 노선의 포기를 의미하는 것은 아니었다. 마침내 조정기의 방침이 성과를 거두기 시작한 1964년 12월에 제3회 전국인민대표대회에서 보고를 한 저우언라이 총리는 "국민경제를 조정하는 임무는 이미 기본적으로 달성되어 농업 생산과 공업 생산은 전반적으로 크게 향상되었으며, 국민경제 전체가 호전되어 새로운 발전 단계에 들어서고 있다"면서, 네 가지 현대화를 지향하겠다고 선언했다. "그렇게 길지 않은 역사적 시기 안에 우리 국가를 현대적 농업, 현대적 공업, 현대적 국방력, 현대적 과학기술을 갖춘 사회주의 강국으로 만들어 내는 것"이 네 가지 현대화의 역사적 임무라고 보고했다. 현대적 공업과 국방력을 지향하는 이상 중화학공업화의 추진은 불가결한 과제일 수밖에 없었다.

실제로 1964년부터 추진된 제3차 5개년계획(1966~1970) 책정 작업에서 특히 중시된 것은 내륙지역에 군수공업 기지를 건설하는 '3선정책'(三線政策)이었다. 후술하듯이 베트남전쟁이 격화되는 가운데 국방력 강화라는 과제가 우선순위에 올랐고, 내륙지역에 군수물자를 댈 중화학공업 시설을 건설하는 것이 그 핵심이 되었기 때문이다. 외적에게 공격당할 때 최전선이 되는 연해부와 국경 지역을 제1선, 여기에 연결된 평야 지역을 제2선으로 잡고, 만약 연해부와 내륙부가 외적에게 점령되더라도 그 후방에 펼쳐진 내륙 산간 지역을 '제3선'으로 하여 저항을 계속할 태세를 구축하자는 것이다. 일본이 침략했을 때 쓰촨, 윈난, 구이저우 같은 내륙 산간 지역을 거점으로 항일전쟁을 치러 낸 역사적 경험이 밑바닥에 깔려 있었다. 쓰촨 성 산간 지역에 철강 콤비나트와 탄광, 대형 기계공장이 건설되었고, 또 구이저우 성 산간 지역에는 알루미늄 공장이 건설되었다. 다른 지역에서도 내륙에 발전소나 기계공장의 설립이 장려되었다. 1970년대 말까지 전국 고정자산 투자의 3분의 1에 육박하는 자금을 중화학공업을 중심으로 한 3선건설에 쏟아부었다고 한다. 조정기가 시작될 당초에 강조된 농업과 경공업 진흥 중시 방침이 1964년 즈음에는 퇴조하는 조짐이 있었음을 부인할 수 없다.

2. 벽에 부닥친 AA외교

중소분쟁 앞서 살펴보았듯이, 1959년 6월 소련은 중국과 맺은 국방신 기술협정을 일방적으로 파기했다. 나아가 이듬해 1960년 7월에는 과학기술 원조도 중단하고, 중국에 파견하고 있던 기술자 1,390명 전원에게 귀국하라고 지시했다. 때를 같이하여 1960년 4월 중국공산당은《인민일보》편집국 명의로 〈레닌주의 만세〉를 비롯한 글 세 편을 공표하고, 국제 문제 등을 둘러싸고 소련공산당과 정치적 주장을 달리한다는 점을 분명히 했다. 그해 7월에는 중국과 소련 양국의 국경수비대가 중앙아시아에서 충돌했다.

이리하여 중국과 소련 두 나라 사이에 불화가 생겨난 것을 전 세계가 알게 되었다. 그러나 동서 냉전 상황에서 중소 양쪽 모두 미국에 어부지리를 줄까 경계하여, 1963년 중반까지는 상대방을 공공연히 비판하는 것을 자제했다. 1960년 10월 중소양당회담에서는 당분간 서로 공개적인 논쟁을 피하자고 확인했다. 1961년에는 대약진의 실패로 피폐해진 중국에게 소련이 곡물과 쿠바산 설탕을 원조하겠다고 제안하기도 하고 (중국 측은 설탕만 받았다), 최신예 전투기와 미사일 기술 공여를 재개하기도 했다. 1962년 4월부터 6월에 걸쳐, 신장(新疆) 서부에서 일리 사건 (카자흐족 도망 사건)이라고 불리는 사태가 발생하여, 카자흐인과 위구르인을 중심으로 6만 명이 넘는 중국 쪽 주민이 소련으로 도망갔을 때에도, 중소 양국의 군사 충돌은 신중하게 피해 갔다.

그러나 1963년 6월 소련공산당이 중국공산당에게 보낸 서한을 중국이 공표하고 반론을 가함으로써 결국 공개적인 논쟁이 시작되었다. 더구나 그다음 달에 모스크바에서 열린 양당회담이 결렬된 이래로, 두 나라는 방대한 문서 공방을 펼치게 되었다. 중국이 총 9회에 걸쳐 장문의 소련 비판 논문을 발표하자, 소련은 수천 건에 이르는 중국 비판 보도로 맞섰다. 중소 논쟁에서 양쪽이 제기한 논점은 다방면에 걸쳐 있으며, 정당 간 논쟁이어서 당연히 정치사상 측면의 대립이 전면에 나오게 되었다. 그 주된 내용은 전 세계 곳곳에서 혁명 투쟁을 발전시키는 것을 중시할 것인가(중국), 아니면 미국과 평화공존을 우선할 것인가(소련)라는 세계 전략을 둘러싼 문제와, 사회주의국가 내부에서도 정치투쟁을 강화할 것인가(중국), 아니면 전 인민의 국가로서 정치적 안정을 지향해야 할 것인가(소련) 하는 사회주의 건설의 추진 방법을 둘러싼 것이었다. 바꿔 말하면, 중소 두 나라의 외교와 국내 정치의 근본적인 방식이 문제가 되었고, 중국은 소련에 대해 사회주의 이념을 왜곡하는 '수정주의'라고 단정했다. 수정주의라는 표현은 사회주의자들 사이에서 벌어지는 토론에서는 가장 강도 높은 비난이었다.

그러한 문제에 더해서, 중앙아시아의 소수민족 거주 지역 통치와 7,300킬로미터가 넘는 긴 국경선의 획정을 둘러싼 분규 등이 겹치면서, 중소 두 나라 사이의 관계는 파국적인 대립으로 치달았다. 1964년 2월부터 이따금 이루어진 국경선 획정을 위한 교섭 역시 그해 8월에는 결렬

되었다.

  그렇다고는 해도 중소 관계가 곧바로 전면적인 파탄으로 나간 것은 아니다. 1964년 10월 중국이 핵실험에 성공하고, 때를 같이하여 소련의 흐루쇼프가 권력에서 밀려나자, 같은 해 11월에는 중소 양당의 회담이 모스크바에서 열리는 등 1964년 말부터 1965년 초까지 일시적으로 중소 대립이 완화된 것처럼 보이는 시기가 나타났다. 5장에서 다루겠지만 베트남에서 미국의 군사행동 강화를 앞에 두고, 소련은 핵을 가진 중국과 협력하여 미국에 대응할 가능성을 타진하고 있었고, 중국은 소련 브레즈네프 체제의 대미 전략을 지켜보고자 했다. 그러나 결과적으로는 양쪽 모두 상대방이 어떻게 나올지 탐색만 했을 뿐, 뿌리 깊은 대립을 해소할 새로운 단계까지는 나아가지 않았다.

핵을 등에 업은 자주 외교   소련과 대립이 점점 심화되는 1960년대 전반, 중국은 서유럽 여러 나라와 일본에 접근했다. 자력으로 개발을 추진한 핵전력을 배경으로 미국과 소련이라는 양대 초강국에 대항하여 두 나라 사이에 펼쳐진 '중간지대'(중국이 쓴 용어)의 여러 세력과 단결하자는, 훗날 중간지대론이라고 불리게 되는 전략이다. 아시아, 아프리카, 라틴아메리카 여러 나라들을 '제1중간지대'로 하고, 서유럽 국가와 일본, 캐나다, 오스트레일리아 등을 '제2중간지대'로 부르는 방식도 있다.

  맨 처음 일어난 큰 변화는 1958년 나가사키 국기 사건을 계기로 중단된 일본과 경제 관계를 회복하고 확대하고자 하는 움직임이었다. 1960년 8월 저우언라이 총리는 ① 무역협정은 정부 간 협정이 원칙이라고 하

중국의 첫 원폭 실험 세계의 이목이 도쿄 올림픽에 집중되어 있는 와중에 중국은 첫 원폭 실험을 성공시켜 국제정치에서 발언권 강화를 꾀했다(1964년 10월).

면서도, ② 정부 간 협정이 성립하기 이전 단계라도 민간 계약은 가능하며, ③ 중국이 인정하는 상사(商社)를 통해 개별적인 무역도 가능하다는, '중일무역 3원칙'을 제시한다. 그 후 교섭을 거쳐 1962년 11월 중국쪽 책임자인 랴오청즈(廖承志)와 일본 쪽 책임자인 다카사키 다쓰노스케(高碕達之助) 사이에 '중일총합무역(中日總合貿易)에 관한 각서'가 교환되어, 두 사람의 알파벳 이름 첫 글자를 딴 'LT무역'이 개시되었다. 랴오청즈는 쑨원의 측근이었던 랴오중카이(廖仲愷)의 아들이었고 일본에 유학한 경험도 있는 저명한 공산당 간부였으며, 다카사키 다쓰노스케는 전시에 만주중공업 총재를 지낸 재개의 중국통 인사였다. 앞서 살펴본바, 합성섬유 제조 설비를 일본으로부터 도입할 수 있었던 것은 이러한 경제외교의 성과라는 측면도 있다. 1964년 4월에는 랴오청즈의 도쿄 사무소와 다카사키의 베이징 사무소를 설립하기로 결정하고, 그해 8월 중국과 일본의 연락사무소가 두 나라의 수도에 개설되었다. 이리하여 중일 무역은 민간무역이라고 부르면서도 실질적으로는 정부 간 무역에 가까운 성격을 띠기 시작했다. 그러나 1963년 10월에 LT무역 관련 업무로 일본을 방문한 중국 대표단 한 사람이 망명 미수 사건을 일으켰고, 그 사건을 처리하는 과정에서 무역 규모가 제약을 받았다.

서유럽 국가들과의 외교 관계 개선에 또 하나 중요한 움직임은 1964년 1월 프랑스와 중국의 국교 수립이었다. 알제리가 독립함에 따라 중국과 프랑스 사이에 대립하던 문제가 해소된 점, 타이완 문제에 대해서 프랑스가 중국의 주장을 받아들였던 것, 드골 정권의 프랑스가 미국과는 다른 독자적 색채를 추구하여 대통령의 리더십을 발휘하기 쉬운 상황이었던 것 등이 프랑스가 큰 걸음을 내딛게 된 조건이 되었다. 중국은 같은 해에 이탈리아, 오스트리아와도 무역 등 경제 교류를 위해 상호 대표를 파견한다는 합의를 이루었다. 일본과의 LT무역도 그해에 최고액을 기록하였다.

1962년부터 1968년 사이에 중국은 일본, 이탈리아 등 10개국으로부터 석유, 화학, 야금, 광산, 전자, 정밀기계에 관한 신기술과 플랜트를 수입했다.

서유럽 국가들과 관계를 개선하는 데 중국이 본격적으로 나섰다는 점은 대학 교육의 변화에서도 나타난다. 1950년대에 제1외국어였던 러시아어를 대신하여, 1964년 11월부터는 영어를 제1외국어로 채택하는 방침이 나왔다. 1964년부터 1965년 사이에 서방 진영 국가들이 중국에 파견한 유학생 수는 1천 명을 넘어섰다.

인도와의 국경분쟁 앞서 3장에서 살펴보았듯이 남아시아의 대국 인도와는 1950년대 중반에 관계 개선이 추진되어, 1954년 4월에 맺은 티베트에 관한 중인조약(中印條約)으로 중국의 주권이 명확하게 승인되었다. 조공 관계가 있던 시대에 존재한 종주권이 아니라, 국제법상의 주권을 승인한다고 명기한 것은 중국 정부에게 큰 외교적 성과였다. 물론 티베트의 입장에서 보자면 당연히 다른 의미를 띠게 될 것이다. 여하튼 이 조약에 기초하여 인도는 티베트에서 우편, 전신, 전화와 관련한 권익을 포기하고 주둔군도 철수시켰다. 그리고 중국과 인도 두 나라는 국경선을 존중하고 영토 주권의 상호 존중, 상호 불가침, 평화공존 등을 내건 평화 5원칙을 준수하고 공존할 터였다.

그러나 시간이 흘러 1959년에 발생한 티베트 반란에 대해 중국이 강경하게 탄압하고 인도 영토로 간주되던 지역으로 중국군이 진출함으로써 중국에 대한 인도의 감정은 급속히 악화되었다. 한편 중국과 파키스탄의 관계가 좋아진 것도 파키스탄과 무력으로 대립하고 있던 인도에게는 불쾌감을 주었다.

1959년 9월 국경 부근에서 중국과 인도 양국 사이에 무력 충돌이 발생했다고 전해졌다. 그리고 10월부터 개시된 국경 교섭도 암초에 걸렸다. 이듬해 2월의 총선거를 앞에 둔 인도 정부는 1961년 12월에 국내의 민족주의적 지지를 다지려는 의도로 고아(Goa)에 진주한다. 이런 움직임에 대응하여 중국은 1962년 7월 무렵부터 네팔과 부탄 사이에 낀 국경 지대에서 경계 조치를 강화했다. 그리하여 10월 20일부터 11월 하순까지 인도군과 대규모 군사 충돌을 일으켰다. 고아 일대에 인도가 군사 거점을 구축한 것에 대항한 '자위 반격전'이었다는 것이 중국 쪽의 주장이었다. 거의 사람이 살지 않는 4천 미터급 산악 지대에서 벌어진 군사 충돌에서 중국군은 인도군을 압도했다. 그 뒤 중국은 일방적으로 정전 선언을 하고는, 서부 국경 지대에서는 점령을 계속하면서 동부에서는 인도가 국경이라고 주장한 맥마흔 라인(McMahon Line, 1914년 티베트 정부와 영국령 인도제국 사이에 체결된 국경선으로, 영국 전권대사 헨리 맥마흔의 이름을 따옴—옮긴이) 북쪽으로 철병함으로써 두 나라 사이의 국경분쟁은 진정되었다.

일방적으로 중국이 정전을 선언한 이유에 대해서는 두 가지 견해가 있다. 두 나라 국경에서 권익을 확대할 의도가 없다는 신호를 미국에게 보내고 소련에 대한 경계로 관심을 옮기려고 했다는 견해가 있다. 또 본래 국경분쟁 자체에 큰 목적을 둔 것이 아니라 일시적으로 대외 관계의 긴장을 연출하여 중국 국내의 정치적 긴장과 단합을 이끌어 내면 충분하다는 설이 있다. 그러나 서부에서는 점령을 계속하면서 동부에서는 철병하는 중국의 상이한 대응에 관해서는 또 다른 측면에서 살펴볼 수 있다. 신장과 티베트 고원을 연결하는 자동차 도로가 1957년에 서부 국경의 분쟁 지역인 아크사이친(Aksai Chin, 阿克賽欽) 지방에 건설되었는데, 이 도로가 티베트에 대한 중국의 통치에서 병력 수송과 관련하여 사활적인 의의를 가지고 있었다는 점을 주목해야 한다. 1959년에 발생한 티베트 봉기는 겨우 3년 전의 일로, 티베트를 군사적으로 억제하는 것은 그 무렵 중국 정부에게 지극히 중요한 과제였다. 따라서 동부 국경 지대에서는 인도에게 양보하는 대신에, 서부 국경 지대에서는 자신들의 주장을 관철시켜 티베트로 가는 전략 루트를 확보한다는 일종의 거래를 노렸을 가능성은 부정할 수 없다.

중국과 인도의 국경분쟁에는 중소 대립 문제도 얽혀 있었다. 신흥 독립국이자 남아시아의 대국이기도 한 인도를 자국의 영향 아래 두고자 한 소련은 미국의 원조 정책에 대항하여 1950년대부터 적극적으로 경제 군사원조를 계속했다. 그 때문에 중국과 인도 사이에 분쟁이 일어났을 때도 소련은 중국 쪽 주장을 인정하지 않고, 대화를 통한 해결을 요청하면서 인도에 대한 원조는 멈추지 않았던 것이다. 여기에 중국은 격하게 반발했다.

동남아시아 국가들과의 관계 악화 1960년부터 1963년에 걸쳐 중국은 버마(미얀마), 네팔, 몽골, 파키스탄, 아프가니스탄을 비롯한 인접 주변 국가들과 국경 획정 조약 및 협정을 맺어 관계 개선을 추진했다.

하지만 동남아시아 국가들과 1960년 즈음부터 다시 긴박한 정세가 나타났다. 1961년 5월 말라야연방의 라만 총리는 반공·반중국을 지향하여 말라야연방과 싱가포르를 합치는 '말레이시아' 구상을 제안한 후, 우여곡절을 거쳐 1963년 9월에 말레이시아가 성립했다. 그런 뒤 1965년 8월에 싱가포르가 분리 독립했다. 이러한 움직임의 배경에는 원래 말라야연방에 중국을 경계하는 분위기가 강했던 사정이 있다. 말라야연방은 동남아시아 국가들 중에서도 중국계 주민이 차지하는 비율이 높고 그들의 경제력도 컸다. 따라서 말레이계 주민의 이익 옹호를 추구하는 정치 세력은 말레이계 주민의 주도로 국가를 만들기 위해, 최종적으로 중국계 주민의 비율이 압도적으로 높은 싱가포르를 말레이시아에서 배제했던 것이다. 당초 중국은 중국계 주민이 많은 싱가포르와 관계 강화를 기대했다고 한다. 그러나 싱가포르는 중국공산당의 사회주의 노선에 대한 경계심이 강해서 관계 개선은 진척되지 못했다.

반둥회의 10주년 기념우표(1965년) '타도제국주의'라는 슬로건에서도 중국이 AA외교에 걸고 있던 기대감을 짐작할 수 있다.

　그런가 하면 인도네시아는 말라야연방의 구상이 브루나이 통합을 포함하여 결과적으로 자국의 영향력을 약화시킨 것에 반발하여, 말레이시아 성립에 반대하는 투쟁을 추진했다. 중국은 인도네시아를 지지하는 가운데 중국공산당에 가까운 인도네시아공산당을 지원했다. 1963년 4월에 인도네시아를 방문한 류사오치는 인도네시아의 건국 노선인 국가 주도 사회주의적 정책 '나사콤'(NASAKOM)에 대한 지지를 표명했다. 그러나 인도네시아에서는 1965년 9월 친중국 성향의 수카르노 대통령이 9·30 사건으로 실각하고, 중국이 지원하던 인도네시아공산당도 궤멸했다. 군대 일부의 쿠데타 미수 사건이었다고도 하고 복잡한 권력투쟁의 결과였다고도 하지만, 9·30 사건의 진상은 오늘날까지도 여전히 수수께끼에 싸여 있다. 어쨌든 사건 후에 발족한 수하르토 신정권은 반화인(反華人), 반중국 정책을 추진하여, 1967년에는 중국과 국교를 단절하기에 이른다. 더욱이 때마침 베트남전쟁이 격렬해짐에 따라 남베트남에 가까운 동남아시아 국가들과 북베트남을 지원하는 중국 사이에 대립이 한층 커졌다.

한편 1963년 12월부터 1964년 3월에 걸쳐 저우언라이 총리는 아시아, 아프리카 유럽 14개국을 순방하고, AA(아시아·아프리카)외교를 중심으로 국제적 영향력을 회복하고 확대하고자 하였다. 이 시기 저우언라이가 방문한 나라 가운데 아프리카가 10개국으로 유난히 많았다. 중국은 1963년 말 단계에서 아프리카 12개 국가와 외교 관계를 수립하는 데 성공했다.

3. 문혁의 소용돌이로

조정 정책의
성과와 한계
국내 경제로 눈을 돌려 보면, 중국은 대약진 실패의 타격에서 가까스로 회복하고 있었다. 하지만 1인당 소비재 생산량은 1950년대 초반 수준을 회복한 데 지나지 않았고, 풍요로운 생활을 실감하기에는 아직 갈 길이 먼 상황이었다. 1952년에 연간 1인당 198킬로그램이던 곡물 생산은 대약진 직후 1961년에 159킬로그램까지 떨어졌으며, 조정 정책을 거친 1965년이 되어도 183킬로그램에 머물고 있었다. 의복의 공급 상황을 알 수 있는 면포 생산량도 1952년에 연간 1인당 5.4제곱미터에서 1961년에 2.8제곱미터로 떨어졌고, 1965년에야 5.9제곱미터로 회복한 정도였다. 늘 소비재 생산이 인구 증가를 쫓아가지 못하는 게 일반적인 상황이었다.

그런가 하면 전후에 태어난 베이비 붐 세대를 중심으로 청년 실업자 또는 반실업자가 크게 늘어나기 시작했다. 생산재 부문에 치우친 공업 발전 탓에 노동자를 충분히 흡수하지 못하는 구조가 되었기 때문이다.

게다가 조정 정책의 과정에서 시장경제를 일부 도입한 결과, 그 혜택을 본 사람들과 그렇지 않은 사람들 사이에 생활 격차가 생겨나 국민들 사이에는 정부의 경제정책에 대한 불만이 응어리져 있었다.

조정기의 동향은 단순히 경제정책의 수정에 그치지 않고, 공산당의 통치 방식 그 자체까지 수정할 가능성을 보였다는 점에서 중요한 의미가 있다. 농촌의 여러 문제를 해결하기 위해 발표된 1961년 6월 15일의 지시에는 "농촌 생활에 관여하는 간부나 일반 민중에 대해 우경화니 '좌경화'니 하며 반대하는 투쟁을 벌이는 것은 앞으로 금지한다. 그들에 대해 정치적 딱지를 붙이는 것을 금지한다"고 명기하였다. 자연과학 분야의 활동에 대한 7월 19일의 지시는 더욱 명확하게 "'반우파' 투쟁 이후, 각 대학이나 기업에서 일부 지식인들에게 가한 비판은 재검토해야 한다. …… 만약 잘못된 비판이 가해졌다면, 시시비비를 바로잡고 잘못을 고쳐야만 한다"고 하여, 급진적 사회주의의 주도 아래 수많은 당원이나 전문가에 대해 과도한 정치적 비판이 거듭된 1957년 '반우파' 투쟁 이래의 문제를 해결하겠다는 방침을 내놓았다. 이리하여 민중 동원에 기댄 그동안의 통치 방식을 고치겠다는 방향성이 제시되어, 600만 명이 넘는 당원과 전문가에 대한 부당한 비판 또는 처분이 철회되었으며 그들의 명예도 회복되었다. 1962년 봄 인민정치협상회의에 출석한 역사가 구제강(顧頡剛)은 "지식인은 조금도 두려워할 필요가 없다"는 저우언라이의 '극진한 말'에 출석자들은 모두 감격했다고 일기에 쓰고 있다(《顧頡剛日記》1962년 4월 17일).

그러나 1957년 이래의 정치적 비판에 대한 재고는, 급진적 사회주의화 정책을 지지하고 지나친 정치적 비판을 펼쳐 온 당 간부들에게 책임을 묻겠다는 뜻도 된다. 그들이 조정기 정책에 불만을 품고 저항하는 자세를 강화해 가는 것은 피하기 어려웠다. 그리고 실제 정치적 비판을 재고한다는 움직임은 1962년 9월 이후 급속히 약화되었다. 공산당 최고

지도부 안에서도 조정기의 여러 방침에 대해 다른 의견이 나왔기 때문이다. 이의를 제기한 사람은 다름 아닌 당 주석 마오쩌둥이었다. 이런 상황의 변화에 대해 '우파'로 비판받은 전 언론인 샤오첸은 "우파 딱지를 떼어 준 1962년의 해빙 분위기는 눈 깜짝할 사이에 수정주의 비판으로 흐름을 바꾸었다"고 회고했다(蕭乾,《地圖を持たない旅人》).

노선 대립의 재연 조정 정책을 추진하고 착실히 경제 재건을 꾀하려 했던 당내 다수파에 대하여, 급진적 사회주의화 정책에서 활로를 찾으려던 마오쩌둥을 비롯한 당내 소수파는 점차 강하게 반발하기 시작했다.

1962년 2월 공산당 본부가 있는 중난하이 시러우(西樓)에서 열린 중앙정치국 상무위원회 확대회의(뒷날 '시러우회의'라고 부름)는 당내 다수파가 중국 경제가 처한 현실을 직시하는 중요한 장이 되었다. 몇 년 동안 계속된 재정 적자의 실태와 더딘 농촌 생산력 회복이 상세하고도 전면적으로 밝혀졌기 때문이다. 이 회의를 기초로 같은 해 4월에 저우언라이가 정리한 당 내부 문서에는 "곡물 생산이 1957년 수준을 회복할 때까지는 3~5년 정도가 필요하며, 상품작물 재배나 목축, 수산업까지 포함한 농촌 경제 전체가 1957년 수준을 회복하려면 훨씬 더 오랜 시간이 필요하다"는 엄격한 평가가 명기되었다. 이런 진단에 대해 마오쩌둥 그룹은 너무 가혹한 평가라고 생각했다.

농가의 도급 경작이 옳은지를 둘러싸고도 대립이 생겨났다. 그 무렵 안후이 성과 광시 성에서는 농민이 촌(村, 이 무렵 군대식으로 '생산대'라고 불렀다)에서 농지를 빌려 경작하고 수확한 농작물 일부로 촌에 차지료(借地料)를 지불하는 도급 경작이 확산되고 있었다. 차지료를 지불하고 남은 농작물이 전부 농민의 수입이 되었기 때문에 농민의 경작 의욕을 자극하여 전체 농촌 생산도 증가했다. 그러한 움직임에 기초하여 농촌 증산을 꾀하기 위해 개별 농가의 도급 경작도 인정해야 한다는 방침을 공산당 중앙의 농촌사업부장 덩쯔후이(鄧子恢)가 제기하자, 이를 받아 덩샤오핑(鄧小平)도 "안후이 성 동지들은 '검은 고양이든 얼룩 고양이든 쥐를 잘 잡는 게 좋은 고양이다'라고 말한다. 그 말은 일리가 있다"라며 도급 경작을 지지하는 의견을 피력했다. 그 직후 1962년 7월 공산주의청년단 중앙위원회에서 덩샤오핑이 한 발언이 뒷날 유명해진 "검은 고양이든 흰 고양이든 쥐를 잘 잡는 게 좋은 고양이다"라는 어구이다. 이러한 동향에 대해 마오쩌둥은 도급 경작은 집단농업의 해체로 이어지는 조치라면서 강하게 반대했다.

나아가 1962년 9월 제8기 제10회 중앙위원회와 이를 준비하는 과정에서 마오쩌둥은, 당 문서에 쓰여 있는 정세 인식은 너무 비관적이고 농가 도급 경작은 인정해서는 안 되며, 과거에 비판받은 인물의 정치적 평가를 고칠 필요가 없다는 취지의 발언을 반복하여 당내 다수파에 대한 불만을 노골적으로 드러냈다. 마오쩌둥의 불만은 조정기의 정책에 대한 당내 소수파의 감정을 대변하고 있었으며, 그만큼 당내 다수파도 간단히 무시할 수 없었다.

결국 제8기 제10회 중앙위원회는 조정 정책에 기초하여 농촌 정책이나 상업 정책을 확정함과 동시에, 사회주의 단계에서 계급투쟁도 중시하자는 방침을 결정했다. 국가주석으로서 조정 정책을 추진할 자리에 있던 류사오치는 회의 마지막 날 자신의 연설에 대해서도 일일이 말참견을 하는 마오쩌둥의 의향을 받아들여, 어떻게든 두 가지 방침을 절충하고자 발언을 거듭하고 있었다. 회의를 전하는 공보(公報)에는 자본주의에서 공산주의로 가는 과도기인 사회주의 시대는 부르주아지와 프롤레타리아트 사이의 계급투쟁이 치열하게 벌어져 그것이 공산당 당내에도 반영된다는 문구가 포함되어, 마치 뒷날 문화대혁명기의 논리를 앞서 보여 주는 듯한 분위기를 띠고 있었다. 그러나 문화대혁명기와 달리 이 무렵 농촌이나 도시에서 실제로 추진된 정책의 기본적 내용은 조정 정책이었다.

사회주의 교육 운동　계급투쟁을 중시한다는 제8기 제10회 중앙위원회 방침을 구체화한 것이 1962년 말부터 1963년에 걸쳐 제기된 사회주의 교육 운동(정치, 경제, 조직, 사상 네 분야를 정화한다는 이른바 4청운동四淸運動)이었다. 사회주의 교육 운동은 특히 정치사상 교육 강화에 주력함으로써 청년층이 급진적인 사회주의화 정책을 받아들이게 되는 기초를 만들었으며, 문화대혁명의 전주곡을 연주하는 역할을 하였다.

1963년에는 농촌 개혁에 관해 내용이 서로 다른 두 가지 방침이 제기되었다. 그해 5월에 처음 나온 '농촌 활동에서 당면한 약간의 문제에 관한 결정(초안)'('전10조'前十條로 불림)은 혁명적 계급의 대열을 조직하여, 자본주의 세력을 분쇄하는 것을 가장 중요한 과제로 삼았다. 이에 반해 같은 해 9월의 '농촌 사회주의 교육 운동에서 몇 가지 구체적 정책에 관한 결정(초안)'('후10조'後十條로 불림)은 전10조를 바탕으로 하면서도, 95퍼센트 이상의 농민과 단결하여 정당한 시장 거래를 옹호하고 주의 깊게 활동하도록 요구하여, 실질적으로는 전10조를 근거로 나올 수 있

사회주의 교육 운동을 선전하는 모습 공산당이 농촌에 파견한 선전교육 담당자가 농민들 앞에서 이야기하고 있다(허베이, 1965년, 《中華人民共和國歷史圖志》上, 155쪽).

는 폭주를 규제하려고 한 방침이었다.

그러나 앞에서 소개한 영화 〈부용진〉의 경우, 주인공이 문을 연 쌀두부점은 "자본주의의 길을 걸은 것"으로 비판당해 폐쇄되었고, 남편은 자살로 내몰리는 줄거리로 되어 있다. 이어 영화는 문화대혁명 시기에 주인공들이 겪은 고생과 그 속에서 인간으로서 존엄성을 지키며 사는 새로운 반려자와의 만남, 그리고 그와 함께 개혁개방 시기를 맞이하는 주인공이 쌀두부점을 다시 일으키기까지를 묘사하고 있다. 하지만 이것은 훗날의 이야기이다. 1963~1964년에 '전10조'의 영향을 강하게 받고 시장경제 발전을 억압한 농촌은 적지 않았다.

1964년 6월에는 중국 혁명사를 소재로 한 현대 경극을 창작하여 보

영화 〈부용진〉(芙蓉鎭)의 한 장면 사회주의 교육 운동의 와중에 "자본주의의 길을 걸은 자"로 비판당한 사람들은 숨을 죽이고 살아야만 했다(사진 제공: 와코7 ㄱ ㅡ).

급하자는 '경극 혁명'이 제기되었다. 후에 문화대혁명기에 활발히 상연하게 될 〈홍등기〉(紅燈記), 〈백모녀〉(白毛女) 같은 작품이 줄지어 나왔다. 문화대혁명기에 활약하게 되는 마오쩌둥의 부인 장칭(江青)이 처음 정치 운동의 지휘를 맡았던 것으로도 유명하다. 동시에 저명한 문학가 톈한(田漢), 샤옌(夏衍)을 비롯하여 영화와 연극, 문학 각 분야에서 작품이나 작가를 지목하여 비판하는 움직임이 확산되어, 역사학자 뤄얼강(羅爾綱), 저우구청(周谷城), 철학자 펑딩(馮定)도 공격의 대상이 되었다. 19세기 중반 농민반란인 태평천국의 역사 연구자 뤄얼강에 대한 비판을 들어보면 이렇다. 반란 지도자의 태도를 '투항주의'였다고 평가해야 하는가 하는 문제였는데, 학술 논쟁이 되어야 할 내용이 지극히 정치적인 용어를 사용하여 학자의 정치사상적 입장과 직결시켜 논의된 특징이 있었다.

이러한 움직임을 제어할 목적도 포함하여, 1964년 7월 공산당 중앙 서기국 가운데 펑전(彭眞), 루딩이(陸定一)를 비롯한 다섯 명으로 문학, 학술, 철학, 사회과학에 관한 문제를 처리할 담당자 그룹이 설치되었다. 후에 '중앙문화혁명5인소조(中央文化革命五人小組, '5인소조'로 약칭되기 도 함)라고 불리게 된 이 그룹은 '문화대혁명' 초기에 문혁파의 움직임을 견제하는 역할을 한 것으로 알려져 있다.

1964년 12월 말에는 공산당 중앙의 회의에서 마오쩌둥과 류사오치 가 격론을 주고받았다. 사실 이 치열한 논쟁에는 복선이 있었다. 그 전날, 10월의 흐루쇼프 해임을 계기로 열린 중소양당회담 만찬장에서, 소련의 국방장관 마리노프스키가 저우언라이 등에게 "우리는 이미 흐루쇼프를 추방했다. 이번에는 당신들이 마오쩌둥을 퇴진시킬 차례다"라고 속삭 였다는 사건이다. 그 진상은 알 수 없지만, 공산당 지도부 내부의 대립이 깊어 가는 가운데 이러한 정보가 전해졌다면, 류사오치에 대한 마오쩌둥 의 의심은 커질 수밖에 없다. 멀리 문화대혁명을 알리는 검은 구름이 천 둥과 함께 다가오고 있었다.

5장

문화대혁명

마오쩌둥 그림으로 넘쳐나는 홍위병 집회 문혁파가 마오쩌둥의 권위를 근거로 삼았기 때문에, 마오쩌둥 개인숭배는 정점에 달했다(하얼빈, 1966년 8월).

1. 문화대혁명의 국제적 배경

중소 대립의 격화 1965년이 저물 무렵부터 1967년 초반에 걸쳐, 중국에는 '프롤레타리아 문화대혁명'(문혁으로 줄임)이라고 일컫는 정치 운동이 휩쓸면서 정치도 경제도 사회도 대혼란에 빠졌다. 수습기에 들어간 1967년 봄 이후에도 1976년까지 문혁은 계속되었다. 문혁이 시작되던 시기 중국과 소련의 대립은 더욱 심각해져 1969년에는 마침내 국경에서 무력 충돌까지 일어나게 되었다. 문혁의 배후에는 심각한 중소 대립이 있었다. 도대체 두 나라 사이에 무슨 일이 생겼던 것일까?

중소 대립이 깊어 가게 된 가장 큰 요인은 두 나라의 세계 전략이 크게 달랐다는 점이었다. 대국 소련은 미국과 평화공존을 우선했으나, 신흥국 중국은 미국 때문에 주권이 위협받고 발전에 방해를 받는다고 생각했다. 소련에게 세계는 사회주의 진영(동)과 자본주의 진영(서)이라는 동서 양대 진영의 대결을 축으로 움직이고 있었다. 그리고 소련이 주도하는 사회주의 진영이 경제와 과학기술 역량에서 자본주의 진영을 압도할 수 있기를 기대했다. 하지만 중국은 소련과 동맹 관계를 유지·강화하는 것보다는 자국의 주권 보호와 경제 발전을 우선시하는 입장에 서서, 세계 곳곳의 민족운동과 혁명운동을 적극적으로 원조하여 미국의 움직임을 견제했다. 앞서 살펴본 것처럼 경제적 곤경을 타개할 의도를 담아 서유럽 국가들이나 일본을 비롯한 이웃 나라들과 관계 개선을 추진해 나갔다. 중국의 이러한 움직임에 대해 소련의 조바심이 커져 갔다.

중소 대립의 요인 가운데 두 번째로 주의해야 할 점은 사회주의 건설 노선의 차이이다. 사회주의국가로서 발전을 이루고 있던 소련으로서는 이제 국내에 적대 계급은 존재하지 않는다며 '모든 인민의 국가'라고 스스로를 규정했던 데 반해, 사회주의화를 막 채택한 단계에서 마오쩌둥의 급진 노선이 주도하고 있던 중국은 사회주의를 '프롤레타리아 독재국가'이며 국내에서 치열한 계급투쟁을 치러야만 한다고 주장했다. 또 이어서 소련에 대해 마르크스주의 이론을 자기 형편에 따라 왜곡하는 '수정주의'라고 비난을 퍼부었다. 한편 소련은 대약진에 나타난 중국의 급진 노선을 사회 발전에 필요한 단계를 뛰어넘으려는 '극좌적 시도'라며 강하게 비판했다. 중국 내에서도 비교적 견실한 발전 목표를 설정하고 정치투쟁을 억제하려는 입장이 있었다. 문혁이 한창이던 무렵 마오쩌둥 그룹은 이러한 사람들을 소련과 마찬가지로 '수정주의자'라고 비난하고 나섰다.

그리고 세 번째, 중국과 소련 사이에 가장 현실적인 이해 대립은 7,300킬로미터가 넘는 국경선의 획정과 군사기지 건설을 비롯한 군사 협력의 형태를 둘러싼 것이었다. 이 문제는 긴 국경선이 가로놓인 두 나라 사이에 역사적으로 이어 온 다툼인 동시에, 1958년 장파(長波) 전파 기지의 공동 건설과 잠수함 연합함대 편성에 대한 소련의 제안을 중국이 거부한 사례에서 나타나듯이, 지극히 구체적인 국익을 둘러싼 대립이

기도 했다.

　이리하여 1964년 무렵부터 중국공산당 지도부는 늘 험악한 대소 관계를 의식하면서 국내외 정책의 방향키를 잡게 되었다. 이런 상황은 문혁에 이르는 중국 국내의 정치적 긴장을 고조시키는 한 원인이 되었고, 사회주의 교육 운동을 비롯해 정치교육을 강화하는 계기가 되었다. 1965년에는 중국과 국경을 맞댄 베트남에서 전쟁이 격화하는 한편, 국내에서는 문화대혁명이 시작된다. 베트남전쟁도 문화대혁명도 중소 관계에 복잡한 영향을 끼치게 되었다.

베트남전쟁　　제네바협정이 체결된 1954년 이후에도 남베트남에서는 몰래 북베트남의 지원을 받으면서 반정부 운동이 계속되고 있었다. 1960년 12월에는 남베트남민족해방전선이 결성되어 응오딘지엠(Ngô Đình Diệm, 1901~1963—옮긴이) 정권에 대한 무력투쟁이 강화되었다. 경계심을 높인 미국이 1961년 5월부터 남베트남에 대한 군사원조 규모를 확대하자, 중국도 1962년부터 북베트남에 대한 군사원조를 대폭 늘려 대항하였다. 그러나 이 시기 중국은 한국전쟁과 같은 형태로 베트남에 깊이 개입하는 일은 피하려고 했다. 대약진의 실패로 국력이 바닥을 치고 있던 점을 고려한다면 당연한 선택이었다.

　그러나 1963년 11월 남베트남 정부 내부의 항쟁으로 쿠데타가 발생하여 응오딘지엠 정권이 붕괴하자, 북베트남은 남베트남의 반정부 무력투쟁을 확대하는 방침을 결정했다. 한편 불안정한 남베트남 정세에 위기감을 느낀 미국은 1964년 8월에 통킹 만 사건이라는 모략을 꾸며 북베트남에 대해 폭격(北爆)을 감행한다. 사건 당시 미국 정부는 "베트남 앞

북베트남을 폭격하는 미군 전투기
미국은 1964년 8월 통킹 만 사건을
꾸며 북베트남에 대해 폭격을 감행
한다(미국 공군박물관 자료사진).

바다의 통킹 만에서 미군 구축함이 북베트남군의 어뢰정에 공격당했기
에 반격했다"고 설명했지만, 전혀 사실무근의 허구였다는 것이 이후 미
국 정부의 내부 문서에서 확인된다. 미국은 이런 어처구니없는 수단까지
사용하면서 북베트남에게 강한 경고를 보내려 했던 것이다.

그러나 통킹 만 사건 후 감행한 북폭으로 베트남전쟁이 늪에 빠지는
양상을 보이는 것에 대해 미국 안팎에서 강한 비판이 일면서, 국제사회
에서 북베트남의 입장이 유리하게 전개되었기 때문에, 북베트남에게
경고하려 한 미국의 본래 의도는 달성되지 못했다. 미국이 이처럼 수단
을 가리지 않고 공격하는 바람에, 4장에서 살펴본 대로 1964년 말부터
1965년 초에 걸쳐 미국에 대항하여 소련과 중국이 다시 접근하는 상황
까지 나타났다. 대통령 선거를 마친 미국 정부는 더욱 강력한 대항 조치
가 필요하다고 판단하고, 1965년 2월부터 연이어 대규모 북폭을 개시한

다. 같은 달에 결의를 굳힌 소련의 알렉세이 코시긴(Алексе́й Никола́евич Косы́гин, 1904~1980) 총리는 직접 북베트남으로 날아가 방공미사일 공여를 포함한 군사원조를 강화하겠다고 약속하고, 또 왕복하는 도중에 베이징을 두 차례 방문하여 중국에게 북베트남에 대한 군사원조에 협조를 구했다. 대립이 심화되고 있던 중소 양국의 협의가 마냥 순조롭게 진척된 것은 아니었다. 그래도 두 나라 모두 경쟁적으로 미국을 견제하고 북베트남을 지원하는 자세를 취하고 있었기 때문에, 최종적으로는 1965년 3월 말 소련의 군수물자를 실은 열차를 중국이 베트남까지 운반하여 보내기로 결정했다.

그해 6월부터 중국군은 북베트남에서 '중국후근부대'(中國後勤部隊)라는 이름으로 비밀리에 파병을 시작했다. 이후 1970년까지 도합 32만 명, 가장 많을 때에는 연간 17만 명이 북베트남에 파병되어 방공 작전과 방어 시설, 도로, 철도 구축에 종사했다. 그 후 1972년부터 1973년에 걸쳐 중국군은 미군의 해상 봉쇄에 맞선 북베트남군의 어뢰 제거 작전도 원조했으며, 일련의 군사 협력을 통해 1,100명이 넘는 사망자와 4,300명의 부상자를 냈다.

공산당 지도부의 위기감

그 무렵 중국공산당 지도부는 미국·소련과 동시에 무력으로 대립하는 상황에 빠질 위험성을 우려하고 있었다. 이미 한반도에서 싸운 바 있는 미국과는 타이완 해협을 사이에 두고 대치하고 있었고, 다시 베트남에서 포격을 주고받고 있었다. 말로 통렬한 비난을 주고받고 있는 소련은 길고 거대한 국경을 맞대고 있는 이웃 나라였다. 게다가 중국의 군비나 경제력은 미국이나 소련과 비교하면 아직 열등한 처지임을 공산당 지도부도 냉정하게 인식하고 있었다.

1965년 9월 말에 외교부장을 겸하고 있던 부총리 천이(陳毅)는 기자회견에서 "만약 미국 제국주의가 우리들에 대한 침략전쟁을 강화하려고 결심했다면, 빨리 와라. 내일 찾아온다 해도 환영한다. 인도의 반동파, 영국 제국주의, 일본 군국주의를 함께 데리고 와도 좋다. 북쪽에 현대 수정주의(소련을 가리킴)를 배치해도 좋다"고 말했다. 기세 좋은 표현의 이면에 사방팔방으로 적에 둘러싸여 있다는 고립감이 느껴지는 발언이다. 또 같은 시기 마오쩌둥은 "전쟁을 대비해 둔다면 전쟁을 하지 않아도 될지 모른다. 그러나 준비를 하지 않은 채 전쟁이 일어난다면 아무런 방도가 없다"고 말했다.

공산당 지도부 사이에는 엄혹한 나라 안팎의 정세 속에서 우선 국내의 정치적·사상적 기강을 다잡고 전시에 대비한 경제 시스템을 구축하자는 합의가 이뤄졌다. 제8기 제10회 중앙위원회 이후에 추진된 사회주의 교육운동과 3선건설(三線建設)이 그것이다. 정치적·사상적 기강을 강화하는 가운데, 종래 문화예술 분야에 책임을 지고 있던 공산당 간부들이 1964년 여름부터 1965년에 걸쳐 차례로 경질되었다. 이와 병행하여 베트남전쟁이 격화하는 가운데 중국은 경제발전 전략을 국방 중시의 3선건설 방향으로 크게 전환해 갔다.

지도부 중에도 특히 급진적 사회주의 정책을 신봉하는 당내 소수파의 위기감은 한층 커졌다. 그들의 눈에 비친 조정기의 정책은 시장경제의 도입이나 농가의 도급 경작제를 포함한 소련의 수정주의에 이어지는 움직임이었으며, 중국공산당이 지향해야 할 노선이 이제 나라 안팎의 수정주의에 협공당하는 것처럼 보였다. 중소 양당의 관계자가 접촉했을 때 소련공산당 측이 1964년의 흐루쇼프 제1서기 해임을 예로 들면서 중국 측에 마오쩌둥을 지도부에서 배제할 가능성을 시사했다고 하는데, 그러한 움직임도 긴장을 고조시켰음에 틀림없다.

급진적 사회주의를 지향하던 마오쩌둥이 느끼는 고립감과, 당내 다수파를 대변하는 류사오치와 덩샤오핑에 대한 불신감의 뿌리는 상당히 깊어졌다. 마오쩌둥의 건강 문제를 고려하여 회의 출석을 자제하도록 진언한 덩샤오핑에 대해서도, 또 거명은 피하면서도 마오쩌둥의 주장을 비판한 류사오치에 대해서도, "하나는 회의에 나오지 말라고 하고, 하나는 내 이야기를 들으려고도 하지 않는다"면서 감정적 반발을 내비치고 있었다. 마오쩌둥의 마음속에는 중국공산당 안팎에 있는 "자본주의의 길을 걷는 수정주의자"를 타도하지 않으면 안 된다는 문화대혁명 시기의 논리가 서서히 움트고 있었다.

또한 미국과 소련 두 나라를 동시에 적으로 돌릴 수도 있다는 위기감은, 조건만 갖춰진다면 둘 중에 위험성이 덜한 쪽과 관계 개선에 나서겠다는 발상을 낳게 하였다. 1960년대 말부터 1970년대 초까지 중소 국경 분쟁이 거듭되는 가운데, 중국이 대미 관계 개선에 나선 데에는 이러한 배경이 있었다.

2. 문화대혁명의 전개 과정

문예계에서 타오른 봉화

문화대혁명이란 무엇인가. 혁명 수행을 위해서는 정치경제의 변혁과 동시에 문화까지도 변혁해야 한다는 것이 문화혁명이라는 말의 유래이다. 그러나 1960년대 중반에 중국에서 일어난 '문화대혁명'의 경우, 문화의 혁명이라고 말하면서도 사실은 중국공산당 지도부 내부의 항쟁에 일반 민중과 당 조직이 휘말려 들어, 인민공화국이 구축해 온 사회질서가 붕괴하고 다양한 사회계층 사이에 쌓였던 불만과 요구가 밖으로 드러나게 되면서, 중국의 국내 정치와 외교, 사회, 경제에 대혼란이 생겨난 사태였다. 국가주석의 자리에 있던 류사오치가 억울한 죄로 옥사한 것을 비롯하여, 수많은 지도자와 당 간부, 지식인에게 박해와 폭행이 가해졌다. 뒷날 공산당 스스로 발표한 바에 따르면, 무력 충돌을 포함한 각지의 항쟁으로 100만 명 넘게 사망 또는 부상당하고, 문화재가 파괴되었으며 서적이 불타고 생산이 정체되고 외교가 중단되었다.

문혁의 직접적 발단은 1965년 11월에 상하이 신문 《문회보》(文匯報)에 게재된 야오원위안(姚文元)의 문예평론 〈신편 역사극 '해서파관'을 평한다〉에서 비롯되었다. 논평의 대상이 된 〈해서파관〉(海瑞罷官)은 원래 고관 일족의 악행을 폭로하여 황제에게 간언한 해서(海瑞)라는 관리가 거꾸로 황제의 노여움을 사서 파면당한다는 명대의 고사를 소재로 한 역사극이다. 베이징 시 부시장 중 한 사람이기도 했던 역사학자 우한(吳晗)이 1959년에 발표한 문예 작품이었는데, 발표 당시는 아무런 문제도 없었다. 오히려 대약진의 실패가 명확해진 1959년 봄 시점에서는, 문제를 직언한 해서의 자세를 배우자고 장려했고, 우한도 그러한 시대 상황을 참작하여 이 작품을 썼다.

그러나 1959년 여름 뤼산회의에서 마오쩌둥을 비판하여 처분당한 펑더화이 사건이 터지자, 〈해서파관〉은 새로운 의미로 읽히는 작품이 되었다. 펑더화이를 해서에 빗대어 암암리에 옹호하고, 우둔한 황제 마오쩌둥을 비판한다는 메시지로 읽혔던 것이다. 부인 장칭(江青) 등 마오쩌둥의 측근 그룹은 〈해서파관〉에 마오쩌둥이 지향하는 급진적 사회주의 노선에 반대하는 당내 다수파의 주장이 담겨 있다고 간주하고, 〈해서파관〉 비판을 시작으로 그러한 세력에 반격하는 정치 캠페인을 전개하기로 결의했다. 바로 그렇기 때문에 처음에는 〈해서파관〉 등 일부 문학 작품이나 평론을 '반사회주의적'이라고 비판했을 뿐이지만, 점차 이 작품을 실마리로 삼아 당내 다수파에 대한 전반적인 비판을 전개해 나갔던 것이다.

그 배후에는 경제조정 정책이 진행되는 과정에서 모락모락 피어오르던 공산당 지도부 내부의 다툼이 있었다. 마오쩌둥이 지향하는 급진적 사회주의 노선을 지지하는 세력은 적었고, 당내 다수파는 경제조정 정책의 방향성을 지지하고 있었다. 이런 상황에서, 마오쩌둥이 영향력을 직접 행사할 수 있는 몇 안 되는 영역 가운데 하나가 부인 장칭이 인맥을 가진 당의 문화선전 부문이었다. 이리하여 중국공산당 지도부 내부의 항쟁이 '문화혁명'이라는 외피를 뒤집어쓰고 전개되었다.

또 앞서 살펴본 국제 환경 아래, 한쪽에서는 베트남전쟁이 격화되면서 미국과의 대립이 격화하고 다른 한쪽에서는 소련과의 대립 역시 심화되면서, 중국 지도부가 한층 고립감을 느끼고 있었던 점도 주의해야 한다. 난국을 타개하기 위해 강력한 지도력을 확립해야 한다는 절박한 생각은 가혹하고 치열한 정치투쟁이 나오게 된 배경이 되었다.

홍위병과 벽신문   1966년 5월 일부 문예 작품에 대한 비판 캠페인이 벌어지자, 중국공산당 중앙위원회는 내부에 문화혁명에 호응하여 급진적 사회주의화 정책의 추진을 지향할 '중공중앙문혁소조'(中共中央文革小組)라는 그룹을 결성했다. 똑같이 문화혁명이란 말을 사용하고는 있지만, 그 이전 2월에 당내 다수파가 설립한 '문혁5인소조'(文革五人小組)는 문혁파의 움직임을 견제하려는 완전히 다른 의도를 가진 조직으로 5월에 해산되었다.

중앙문혁소조는 마오쩌둥의 부인 장칭을 중심으로 하는 문혁파가 5월 16일에 발표한 지시(5·16 통지)에 기초하여 결성한 조직이다. 때를 같이하여 베이징대학에서 문혁을 찬양하는 벽신문(대자보)이 나붙고, 엘리트 학교인 칭화대학 부속고등학교(원어는 高級中學)에 홍위병(紅衛兵)을 자칭하며 문혁을 지지하는 젊은이들이 출연했다. 공산당 간부의 자녀가 많았던 초기 홍위병은 공산당의 정치교육을 충실히 받고 공산당 지도부의 내부 사정에도 정통했으며, 문혁파에 호응하여 움직이는 것이 마오쩌둥의 뜻에 부합하는 행동이라고 잘 이해하고 있었다. 다음 달《인민

홍위병 집회 1966년 여름 이후 톈안먼 광장에서 홍위병의 대규모 집회가 몇 차례나 열려 문혁파의 위세를 과시했다(베이징, 1966년 10월).

일보》에 문혁을 추진하자는 주장이 실리고, 전국적으로 대자보와 홍위병이 확산되어 나갔다. 각지 행정기관과 대학, 공장 등의 공산당 당 조직에서, 붉은 완장을 두르고《마오쩌둥 어록》(毛澤東語錄, 마오쩌둥의 발언이나 글에 나오는 짧은 인용구를 모아 놓은 소책자. 원래는 군대 교육용이었다)을 손에 든 홍위병이 선도하는 문혁 지지파가 "조반유리"(造反有理, 반란을 일으키는 것에는 도리가 있다)라는 슬로건을 내걸고, 그때까지 지도부를 맡고 있던 당내 다수파를 "자본주의의 길을 걷는 실권파"라고 비판하며, 그 타도를 외치는 장면이 연출되었다.

그리고 8월에 열린 중국공산당 제8기 제11회 중앙위원회는 문혁파의 주도 아래 '프롤레타리아 문화대혁명'으로서 사회주의 혁명은 새로운 단계를 맞이했다는 결의를 채택했다. 이 회의에 출석한 중앙위원은 전체의 절반에도 못 미쳤다. 그러나 1,400만 명이 넘는 홍위병이 문혁 지지를 외치며 베이징의 톈안먼(天安門) 광장에 모여 대규모 집회를 계속 열고, 상하이 등 전국 각지에서 전통문화와 서양 문화에 대한 공격이 일어났다는 소식이 전해졌다. 이러한 분위기 속에서, 소수파인 문혁파가 공산당의 주도권을 장악해 나갔다. 그해 10월의 공산당 회의에서는 종래 다수파를 대표하고 있던 류사오치와 덩샤오핑이 자아비판을 표명하기에 이르렀다. 하지만 문혁은 그것으로 끝나지 않았다. 최초에 불을 붙인 마오쩌둥의 구상을 훨씬 뛰어넘어 문혁은 사방팔방으로 계속 치달았다.

1966년 말이 되자, 급진파 홍위병 일부에서는 문혁파가 주도권을 장악한 공산당 중앙에 대해서도 문혁 수행이 철저하지 못하다며 비판이 터져 나왔다. 같은 시기 홍위병을 비롯한 문혁 지지 그룹 내부에서도 온갖 대립이 표면화되었다. 예를 들어 '수도홍위병연합행동위원회'(首都紅衛兵連合行動委員會, 연동으로 줄임)를 자칭하는 그룹과 베이징임학원(北京林學院)의 홍위병들은 기존의 당 간부 전체를 일률적으로 비판하는 장칭 등의 주장에 이의를 내걸고, 다른 홍위병들과 논쟁을 벌였다. 이러한 논쟁에 입각하여, 홍위병 가운데 한 사람인 위뤄커(遇羅克)는 "아비가 혁명가면 자식도 혁명가, 아비가 반동이면 자식도 반동"이라는 부모의 출신 계층에 따라 자식들도 정치사상에 딱지를 붙이는, 공산당 정권의 사회 논리(혈통주의)를 문제로 삼아 큰 반향을 불러일으켰다.

급진적 사회주의로　1966년 12월 말 상하이에서 문혁파와 당내 다수파 사이에 대규모 무력 다툼이 발생했다. 이미 같은 해 11월 문혁파는 일부 노동자들에게 호소하여 '상하이공인혁명조반총사

령부'(上海工人革命造反總司令部)라는 조직을 결성하고, 기존의 공산당 상하이 시위원회와 상하이 시정부를 비판하여 그들한테서 권력을 탈취하려 했다. 그러자 기존의 상하이 시위원회를 지지하던 노동자와 활동가들도 12월 초에 '한위마오쩌둥사상공인적위대상해총부'(捍衛毛澤東思想工人赤衛隊上海總部, '한위'는 방위한다는 의미)라는 민중 단체를 조직하여 문혁파에 대항하였다. 양 파 간에 대립이 첨예화하는 가운데, 12월 30일 새벽에 문혁파는 시위원회 간부와 그 지지자들을 습격하여 건물에서 강제로 끌어내고 240명이 넘는 주요 멤버를 구속했다. 이에 시위원회파의 멤버들이 베이징에 가서 참담한 처지를 하소연하려고 하자, 문혁파가 상하이 근교의 쿤산(昆山)에서 습격하여 베이징행을 가로막는 소동까지 일어났다.

해가 바뀌어 1967년 1월 6일, 10만 명이 참가한 대규모 집회를 연 문혁파는 상하이의 당과 정부 간부들을 비난하며, "멋대로 임금을 올리고 온갖 수당을 남발한 경제주의"를 신봉하여, "부르주아 계급의 반동 노선을 실행한 반혁명 분자"라고 하면서, 자신들의 권력 장악을 선언하기에 이르렀다. 문혁파의 장춘차오(張春橋)는 이 운동을 "파리코뮌이나 10월 혁명에 필적하는" 사건이라고 평가하고, 새로운 행정기구를 "새 상하이 코뮌"이라고 부르며 치켜세웠다. 그 후 새로운 권력 기구의 명칭은 상하이 인민공사로 바뀌었고, 다시 2월 23일에 상하이 시 혁명위원회가 되었다. 이러한 명칭 변천의 경위에 대해서는 다음 장에서 다시 살펴보기로 한다.

1966년 12월 말부터 1867년 1월까지 상하이의 움직임을 보면, 문혁파의 주장이 일부 민중을 동원하는 데 그쳤고 대다수의 민중에게서 지지받은 것은 아니었음을 보여 준다. 상하이와 앞서거니 뒤서거니 하며,

문혁파의 집회 문혁파의 집회에서는 현직 당이나 정부의 간부였던 인물들이 차례로 비판을 받고 폭행을 당했다(하얼빈, 1966년 8월).

헤이룽장 성, 산시 성(山西省), 구이저우 성, 산둥 성 등 곳곳에서 기존의 공산당 조직과 행정기구가 해체되고, 문혁파가 주도하는 혁명위원회라는 권력 기구가 성립한다. 이러한 기구도 폭력을 동반한 문혁파의 책동으로 비로소 성립할 수 있었다. 따라서 신장 성이나 쓰촨 성, 우한(武漢)을 비롯한 여러 지역에서 혼란이 발생하고, 군대가 치안 유지를 위해 출동하는 사태를 초래했다.

2월이 되면 사태를 우려한 셰젠잉(葉劍英), 쉬샹첸(徐向前), 천이(陳毅), 탄전린(譚震林), 리셴녠(李先念)를 비롯한 공산당 중앙의 베테랑 간부들이 중앙 정치국 수준의 회의에서 문혁파의 행위를 공공연하게 비판하는 사건이 일어났다. 그러자 문혁파는 마오쩌둥의 도움을 빌려 맹렬한 반격을 시도하여, 국면의 주도권을 유지하는 데 가까스로 성공했다.

각지에서 혼란이 일어난 배경에는 문혁으로 기존의 사회질서가 파괴된 가운데 그때까지 억압당해 온 여러 사회계층의 불만이 분출한 측면이 있다. 미국의 베이비 붐 세대, 일본의 단카이 세대(團塊世代, 제2차 세계대전 직후 일본의 제1차 베이비 붐 시기에 태어나 고도 경제성장을 경험하면서 집단적으로 문화적·사상적 특성을 공유한 세대—옮긴이)에 해당하는 중국의 홍위병 세대는, 중국 경제가 계속해서 침체된 가운데 고등학교와 중학교를 졸업하고도 쉽사리 정규직을 찾지 못하고 우울감에 휩싸여 있었다. 늘어만 가던 전후 출생 젊은 실업자 내지 반실업자들이야말로 홍위병을 자칭한 학생이나 문혁파 노동자들의 주된 공급원이었다.

《수도홍위병》(首都紅衛兵) 제21호에 "계약 노동자여! 임시 노동자여! 혁명을 일으키자!"라는 슬로건을 게재한 시안(西安)의 건설 노동자처럼, 불안정하고 열악한 노동조건에 놓여 있던 노동자들도 문혁에 기대를 품었다(H. Mandares 等著,《毛澤東を批判した紅衛兵》, 上下佑一譯). 그들에게 문혁은 새로운 가능성을 기대하게 하는 운동이었다.

한편 어느 정도 안정된 직장을 가진 대다수의 노동자들이나 농민들은 이미 대약진 정책의 파탄에 실망하여 환멸을 느끼고 있었으므로, 그들에게 문혁파가 내건 급진적 사회주의화 정책은 똑같은 실패를 되풀이하는 것으로밖에 비치지 않았다. 그나마 노동자의 생활을 개선하고 농촌 경제를 활성화시킨 경제조정 정책을 지지하고 있었을 뿐, 급진적인 사회주의화 정책에 대해서는 강한 거부 반응을 보였다. 따라서 문혁파가 민중의 일부를 동원하는 데 그치고 대다수 민중의 반발을 산 것은 피하기 어려웠다.

3. 중국 사회의 혼란

문화와 교육의 파괴　　　문화대혁명의 부름에 충실했던 홍위병들은 "네 가
지 낡은 것을 파괴한다"(破四舊)라는 슬로건 아래,
중국이 사회주의를 지향하기 이전에 존재했던 역사적 사상과 문화, 풍
속, 습관 모두를 파괴하려 했다. 그들의 행동에는 문화유산의 가치를 돌
보지 않는 황당무계한 아이들 장난 같은 행위나, 문화재를 파괴하고 신
체나 정신에 위해를 가하는 흉악한 폭력 행위가 적지 않았다.

　　이를테면 역사적 전통을 지닌 도로 이름이나 상점 및 병원, 공원의 이
름을 '혁명적 명칭'으로 바꾸는 운동이 바로 그러했다. 베이징의 중심
가인 창안제(長安街)를 둥팡훙다제(東方紅大街)로, 외국 대사관이 밀집
한 둥자오민샹(東交民巷)을 판다루(反帝路)로, 지명에서 유래한 둥안시
장(東安市場)을 사회주의 진영의 위세를 나타내는 둥펑시장(東風市場)
으로, 미국의 민간 원조로 창설된 역사 깊은 협화병원(協和醫院)을 판디
병원(反帝醫院)으로, 청대의 유명한 정원인 이허위안(頤和園)을 수도인
민공원으로 바꾸었다. 이런 식의 명칭 변경은 셀 수 없이 많았다. 하지만
문혁이 끝나고 전부 원래의 이름으로 돌아갔다.

베이징 길거리에서는 홍위병이 오가는 사람의 복장을 검사하며, 하이힐 굽을 떼기도 하고 청바지를 찢어 버리는 등 난폭한 광경이 연출되었다. 모두 "부르주아 사상의 발현이며, 프롤레타리아의 문화가 아니"라고 판정되었기 때문이다. 고도(古都) 베이징에 남아 있는 사찰 바이타쓰(白塔寺), 탄저쓰(潭柘寺)를 비롯한 수많은 사원의 불상과 공원의 비석 역시 "봉건시대의 유물"로 가차 없이 홍위병의 공격 대상이 되어 파괴되었다. 문화재로 등록된 베이징 시내 6,843곳 시설 가운데 무려 4,922곳이 문혁 기간에 손상을 입었다. 상하이에서는 기독교 교회나 상품 광고 간판이 차례로 습격을 받았다. 각지에서 고서적이나 옛 그림을 불살랐으며, 공예품과 미술품이 파괴되었다.

문화예술인과 지식인을 홍위병 집회장에 끌고 나와 "학계의 반동적 권위," "반혁명 분자"로 매도하며 폭력적으로 자아비판을 강요하는 행위 역시 만연했다. 그들 중에는 건강을 해쳐 병사하거나 스스로 죽음을 선택하는 이들도 속출했다. 중국공산당 창립자 가운데 한 사람이기도 한 사상가 리다(李達)는 일흔여섯이라는 고령의 몸에 가해지는 홍위병의 폭력이 원인이 되어 급사했다. 베이징의 인력거꾼을 그린《러우터우샹쯔》(駱駝祥子)로 유명하며 중국작가협회 간부였던 작가 라오서(老舍)는 1966년 8월 23일에 홍위병에게 집단적으로 규탄당한 뒤, 다음 날 24일 베이징의 연못에 몸을 던져 자살했다. 중앙음악학원 원장이었던 음악가 마쓰충(馬思聰)은 홍위병의 폭행을 견디지 못하고 몰래 망명했다. 일찍이《문예보》편집부 재임 중에 반'우파' 투쟁으로 비판받고, '우파'에 대한 징벌적 의미를 지니는 농장 노동을 끝낸 뒤, 출판사 한 구석에서 조용히 고전 외국 문학의 번역에만 종사하던 샤오첸 같은 인물도 문혁의 광풍에서 벗어날 수 없었다. 홍위병의 폭력에 내몰린 샤오첸은 1966년

9월 5일에 수면제를 먹고 자살을 기도했으나, 겨우 목숨을 건졌다(蕭乾, 《地圖を持たない旅人》).

한편 교육 분야에서는 1966년부터 '교육혁명'이라는 슬로건 아래 노동자, 농민, 병사 출신 가운데 문혁파가 혁명적 정치사상을 지녔다고 인정한 젊은이만이 우선적으로 고등학교와 대학에 입학할 수 있었기에, 학문 이해에 필요한 기초 학력이 현저히 경시되게 되었다. 반면에 정치교육만 중시되어 수학 연한은 줄어들고, 기존의 학위 인정 제도는 폐지되었다. 이런 혼란 속에서 중국의 전반적 교육 수준이 떨어져 학문 계승에도 큰 장애가 생겨났다.

저조한 경제활동 문혁으로 인한 혼란은 중국 경제에도 큰 타격을 주었다. 경제 운영에 종사해 온 수많은 간부들이 문혁파의 비판을 정면으로 받는 처지가 되어 버려, 계획경제의 관리 운영이 마비 상태에 빠졌다. 또 문혁파가 임금 인상이나 각종 수당의 지급을 '경제주의'로 비난하고, 생산성 향상을 위한 직장 규율을 '생산 제일주의'라고 공격했기 때문에, 노동자의 노동 의욕이 떨어지고 공장을 비롯한 생산 현장의 규율은 느슨해졌다. 더욱이 철도가 지나가는 각 지역이 다툼과 혼란 상태에 빠진 데다가, (문혁파가) 홍위병에게 혁명운동의 '성지'(聖地)를 순례하는 운동을 장려한 것도 영향을 주어, 전국의 교통과 운수에 장애가 생겨났다. 특히 최대의 에너지원인 석탄 수송이 정체됨에 따라 공업 생산 전체에 커다란 손실을 입혔다.

1967년 중국의 농업과 광공업 총생산액은 1966년보다 10퍼센트 가까이 줄어들었고, 1968년에는 다시 4.2퍼센트 감소했다. 1967년의 석탄

안후이 성에서 벌어진 **불상 파괴** 문혁파가 전통문화와 종교를 파괴하자고 호소하여 수많은 문화
재가 소실되었다(1966년 9월).

생산량은 전년 대비 18.3퍼센트 감소, 발전량은 6.2퍼센트 감소, 철강 생
산량은 32.8퍼센트 감소를 기록했다. 같은 시기에 철도의 화물 수송량
도 격감하여, 1967년은 전년 대비 21.6퍼센트 감소, 1968년은 전년 대비
2.3퍼센트 감소했다.

　그 후 군대를 전면에 내세운 질서 회복 정책이 효과를 거두어 1969년
이후 경제활동은 점차 정상을 회복하였다. 그러나 1970년부터 1971년
에 걸쳐 발생한 중소 국경분쟁과 베트남전쟁의 격화라는 국제 정세의
영향으로 전쟁에 대비하기 위한 경제 건설을 외치면서, 다시 중국 경제
가 크게 왜곡되었다. 1968년부터 1971년까지 5년 동안 국가 재정지출
가운데 실로 20퍼센트 이상이 군사비였다. 특히 1969년부터 1971년까
지 군사 예산의 증가가 두드러졌다.

3선건설 방침으로 산간지대에 건설된 제철소 쓰촨 성 판즈화(攀枝花)《中華人民共和國歷史圖志》上, 310쪽).

　문혁파가 추진한 "다자이, 다칭에서 배우자"(자립적인 농업 발전 모델로 화북 내륙 산시 성의 다자이 촌大寨村을, 또 자립적 공업 발전 모델로 동북 헤이룽장 성의 다칭大慶 유전을 추천하여 그 경험을 배우자고 호소함)는 운동에는 큰 한계가 있었다. '자력갱생'의 모델이라는 문혁파의 선전과는 달리, 두 사례 모두 국가가 투입한 상당한 자금을 받아들여 발전 기반을 닦았다. 따라서 전국 각지의 농촌과 공장이 아무리 다자이, 다칭을 배우고 그 흉내를 낸다고 해도 같은 성과가 나올 리 없었다. 또 조정기 말부터 시작된 군사력 강화를 위한 3선건설도 내륙 산간지대에 비효율적인 공장을 분산 배치하는 결과가 되어 중국 경제에 부담을 가중시켰다.

　한편 문혁에 따른 혼란이 확산되는 와중에도, 핵무기 개발이나 미사일 연구는 별도로 추진되었다는 점도 주의해야만 한다. 1967년 6월 중국은 핵융합을 사용한 수소폭탄 실험에 성공하고, 1970년 4월에는 인공위성을 쏘아 올리는 데 성공했다. 특히 인공위성 발사는 대륙간탄도미사일을 이용한 핵 공격 능력을 갖추게 되었음을 의미하며, 국제정치에서 미국과 소련에 대항하는 데 중요한 자산이 되었다.

유혈 항쟁과 민중의 반발

베이징 근교의 다싱 현(大興縣)에서는 1966년 8월 27일부터 9월 1일까지 나흘 동안, 토지개혁 이전에 지주였던 사람들과 '반혁명 분자'로 찍힌 사람들 및 그 가족 등 325명이 홍위병에게 살해되는 사건이 발생했다. 문혁이 도시를 중심으로 움직였기 때문에, 농촌 지역에서 홍위병이 직접 문제를 일으킨 사례는 그다지 많지 않았다. 또 지식인에 대한 폭력 행위는 《인민일보》가 1966년 9월 5일 〈무력에 의한 투쟁이 아니라 문자를 통한 투쟁을〉이라는 사설을 게재한 것을 계기로 조금씩 진정되어 갔다. 그러나 1966년 말부터 1967년에 걸쳐 다양한 홍위병 집단 사이에 생겨난 주도권 다툼이나 기존 당 조직과 벌인 항쟁에서는 총 같은 무기까지 사용되어, 수많은 민중이 부상을 입고 귀중한 생명을 잃었다.

홍위병은 원래 계통적으로 조직된 것이 아니었기 때문에, 발족 당시인 1966년 8월 무렵부터 여러 가지 의견 차이로 분열과 다툼이 거듭되었다. 예를 들어 칭화대학에서는 '징강산병단'(井岡山兵團, 마오쩌둥 등이 1927년에 무장 게릴라 근거지로 삼은 지명에서 따온 이름) 그룹과, 단순히 '홍위병'이라고 자칭한 그룹이 대립했다. 베이징대학에서는 '신북대공사'(新北大公社, '공사'는 코뮌의 중국어 번역어), '징강산'(井岡山), '홍연군'(紅連軍) 등이, 베이징지질학원(北京地質學院)에서는 '동방홍공사'(東方紅公社)와 '투비개병단'(鬪批改兵團)이, 베이징임학원(北京林學院)에서는 '동방홍'(東方紅), '홍색조반단'(紅色造反團), '홍위전투병단'(紅衛戰鬪兵團), '장정전투대'(長征戰鬪隊) 등이 주도권을 다투었다. 상하이의 푸단대학(復旦大學)에서는 '홍위병대대총부'(紅衛兵大隊總部), '홍혁회'(紅革會), '홍3사'(紅三司), '동방홍공사'(東方紅公社) 등이, 또 톈진의 난카이대학(南開大學)에서도 '위동홍위병'(衛東紅衛兵)과 '8·18홍색조반단'(八·一八紅色造反團)이 결성되었다. 이런 조직들은 중국 전체로 볼 때 극히 일부에 지나지 않는다. 전국 곳곳에서 각양각색의 홍위병 조직이 생겨나, 서로 자파의 주장이야말로 혁명적이라며 격론을 벌였다. 앞에서 나온 '연동'(連東)의 움직임도 문혁파의 논리를 근본적으로 비판함에 따라 이단시되어 탄압을 받았다고는 해도, 근본적으로는 홍위병 집단 사이에 널리 퍼져 있던 파벌 다툼의 산물이었다.

1967년이 되자 논쟁이 과열된 나머지 난투극에 이르는 사건이 자주 일어났다. 4월 8일 베이징의 민족문화궁 전시 문제를 둘러싸고, 베이징대학의 '신북대공사' 계열 홍위병 그룹과 다른 그룹이 대규모 난투를 벌였다. 5월 5일에는 허난의과대학(河南醫科大學)에서 같은 대학 홍위병 조직과 '신북대공사'에서 파견된 홍위병이 충돌하여 수십 명의 사상자가 나왔다. 아무리 문혁파가 권력을 장악하고 있던 공산당 지도부라 해도 이런 사태에는 당혹감을 느껴 충돌을 억제하려고 했다. 그러나 6월에 들어서자 허난 성의 정저우양식학원(鄭州糧食學院), 광시 성 난닝제일중학(南寧第一中學), 허베이 성 스자좡(石家莊)의 허베이농업대학(河北農業大學) 등 전국 곳곳에서 수백 수천 명이 충돌하는 상황으로 확산되었다. 허베이농업대학 사건에서는 7명이 살해되고 250명이 넘는 부상자가 나왔다. 충돌이 거듭되던 우한(武漢)에서는 6월 한 달 사이에만 적어도 사망자가 107명, 부상자가 2,774명에 이르렀다. 7월부터 9월에 걸쳐 중국은 내전에 가까운 비정상적인 혼란에 빠졌다. 뒷날 중국공산당은, 문혁 시기 전체를 통틀어 사망자와 부상자 수가 100만 명이 넘는다고 발표했다. 희생자 대부분은 바로 1966년 말부터 1967년 사이에 생겨난 것이다.

이런 가운데 우한의 7·20 사건이 일어났다. 이것은 1967년 7월 20일 항쟁 조정에 나선 공산당 중앙의 문혁파 간부 왕리(王力)와 셰푸즈(謝富治)가 문혁에 비판적인 '백만웅사'(百萬雄師)라는 현지 민중 단체에게 억류되어, 문혁파 계열 조직을 옹호하는 방침을 철회하도록 압박당한 사건이다. 이 행동에 참가한 '백만웅사' 2천 명의 주력은 공사용 헬멧을 쓰고 트럭 27대와 소방차 8대에 나눠 탄 채 밀고 들어온 노동자들로, 이들을 지지하는 시위대에는 1천 명 가까운 군인들까지 가세했다. 이러한 조직적 행동은 당 조직과 군의 지지 없이는 일어나기 어려웠다. 문혁에 대한 비판적 분위기가 민중들뿐 아니라 기존의 당 조직과 행정 간부, 군부 사이에도 퍼져 나갔음을 알 수 있다. 앞에서 본 1966년 말의 상하이 사태도 바로 문혁파를 비판하는 세력이 많았음을 보여 주는 것이다.

4. 홀로 남겨진 중국

**타이완과 한국의
경제성장**
　대륙 중국이 대약진에서 문혁으로 이어지는 혼란에
빠져 있는 사이에, 강권적 통치 체제 아래에서 미국과
일본의 원조를 받으며 경제 발전에 주력한 타이완과
한국은 눈부신 성장을 이룩하고 있었다.

　타이완에서는 1949년에 후스(胡適)와 레이전(雷震)이 창간한 잡지
《자유중국》(自由中國)이 점차 장제스 부자(父子)의 독재에 대한 비판을
강화하였다. 1960년에는 외성인(外省人)의 자유주의자(liberalist)와 본
성인(本省人) 정치가를 결집하여 국민당에 맞서는 새 정당 중국민주당
(中國民主黨)을 결성하려고 했다. 그러자 국민당 정권은 레이전을 체포
하면서 통치 체제의 기반을 흔드는 움직임을 진압하였으며, 다른 한편으
로는 본성인의 지방 정치 참여를 적극적으로 수용하고 경제발전 정책을
추진했다.

　1950년대는 외국 상품의 수입을 억제하고 국산품 생산을 장려하는
수입대체 공업화 정책에 중점을 두어, 면사와 면포, 의류, 시멘트, 합판,
플라스틱 등 제조업이 발전했다. 하지만 1960년대가 되면 일본과 미국

등 외국 자본의 투자를 적극적으로 받아들여 최신 설비를 갖춘 공장을 짓고, 국제경쟁력을 가진 공업 제품을 해외에 수출하는 수출지향 공업화 정책이 추진되었다. 특히 1965년에 개설된 수출보세가공 지구(輸出保稅加工區)에서는 원료를 수입할 때 관세를 면제하고 수출입 절차를 간소화하는 조치가 취해져, 가전과 전자, 기계, 화학 산업이 발흥하는 중요한 무대가 되었다. 이리하여 1950년대부터 1960년대에 걸쳐, 타이완은 연평균 8퍼센트 이상의 경제성장을 이룩하여, 1인당국민소득도 개발도상국 수준을 한 발 벗어나는 데 성공했다.

한국의 경우 1950년대는 경제가 저조했고, 1960년 4월혁명으로 이승만 정권이 타도된 뒤 정치적으로 불안정한 상태가 계속되었다. 그러나 1961년 5월 박정희를 중심으로 한 청년 장교들이 쿠데타를 일으켜 반공친미(反共親美) 군사독재 정권을 수립하고, 국가 주도의 경제발전 정책을 추진했다. 한국이 취한 경제발전 전략은 타이완과 마찬가지로 수출지향 공업화 정책이었다. 그리고 한국도 미국과 일본의 자본 및 기술을 받아들이면서 국제시장으로 공업 제품을 수출하여, 연평균 10퍼센트 가까운 경제성장률을 달성했다. 미국과 일본 두 나라의 지원을 얻는 데에는, 1965년부터 모두 30만 명이 넘는 실전 부대를 베트남전쟁에 파견하여 미국의 강한 신뢰를 얻은 것, 또 같은 해 맺은 한일기본조약으로 한일 경제협력이 궤도에 오른 것이 의미가 컸다.

1960년대에 일본의 고도 경제성장이 타이완과 한국의 경제성장과 서로 보완하는 형태로 전개해 나간 것 역시 놓쳐서는 안 되는 점이다. 일본에서 타이완과 한국으로 투자와 기술 이전이 진척되면서, 두 지역의 경제 발전이 촉진되는 한편, 두 나라의 경제 발전은 일본이 공업 제품을 수출할 수 있는 새로운 시장을 제공하였다. 이렇듯 동아시아 경제가 크게 변모하는 가운데 중국은 크게 뒤처지게 되었던 것이다.

독자 외교의 추구와 혼란

문혁기에는 외교에도 혼란이 확산되었다. 문혁파는 외교부의 활동 전체가 '수정주의' 노선에 빠져 있다고 비판했고, 당시 재외 공관에 주재하던 주요 외교관들을 한꺼번에 본국으로 소환하여 정치교육을 받도록 했다. 그런가 하면 재외 공관에서 문혁파가 내건 반소반미의 급진적 사회주의 이념을 선전하고 주재국에 그 영향을 확산시키는 것이 중요한 외교 과제라고 규정했다. 그래서 마오쩌둥 초상을 대사관에 걸거나《마오쩌둥 어록》을 주재국 사람들에게 배포하는 활동을 장려했다. 주재국 정부의 요청을 무시하고 국가적 행사장에서 소련을 지목하여 비판하는 바람에 주재국의 반발을 사는 상황도 생겨났다. 통상적인 국가 관계를 함부로 무시한 이러한 행태는 당연히 상대국의 강한 반발을 사서, 당시 중국이 외교 관계를 맺고 있던 40여 개국 가운데 30여 개국 이상과 외교적 마찰을 빚었다.

특히 영국과의 관계에는 심각한 후유증이 나타났다. 그 계기는 홍콩에서 일어난 노동쟁의와 관련하여 홍콩 치안 당국이 경비를 강화하는 가운데 중국의 통신사인 신화사(新華社) 기자가 부상을 입은 사건이다. 홍콩의 치안 당국과 중국의 대립은 점차 격화되어,《대공보》(大公報)를 비롯한 중국계 신문사 세 곳이 발행정지 처분을 받고, 기자 수십 명이 체포되기에 이르렀다. 그러자 1967년 8월 말에 영국 홍콩정청(香港政廳)의 반중국적 태도에 문제가 있다며, 문혁파에 선동된 홍위병들이 베이징의 영국 대리대사관 사무소를 습격하여 건물 일부를 불태우는 터무니없는 사건이 일어났다. 그 후 중국과 영국의 관계는 극도로 악화되었다.

사회주의국가인 동독과도 때마침 중국대사관 관계자가 교통사고로 사상자가 났을 때 "수정주의자의 반중국 음모"라면서 엉뚱한 항의를 하여 양국 관계가 한층 악화되었다. 국경을 맞대고 있는 네팔, 몽골, 북한, 베트남, 버마와도 긴장이 높아 갔다. 예를 들어 네팔에서는 수도 카트만두에서 열린 중국 사진전에서 사소한 분란이 일어났을 때, 네팔 측이 공식 사과를 했음에도 중국 본국 정부가 "국교 단절을 두려워하지 말고 단호하게 싸우는" 자세를 표명했다. 이런 국제적 의례를 한참 벗어난 태도는 네팔 측의 태도를 한결 강경하게 만들었다.

이 시기 중일 관계도 파란을 면치 못했다. 중국공산당과 일본공산당의 대립이 커지고 중국과 국교 정상화를 추진하던 일본 국내의 시민운동이 분열하여, 중일 무역에 종사하는 상사 일부도 떨어져 나갔다. 문혁의 현실을 제대로 알지 못한 채 문혁의 슬로건에 공감한 지식인들이 나타나는 한편, 중국 국내에 확산되는 혼란에 심각하게 의문을 품은 일본인이 증가했다.

중소 국경의 무력 충돌

중국은 동북의 헤이룽 강(아무르 강)과 우수리 강, 서북의 신장위구르자치구에서 소련과 국경을 맞대고 있었다. 중국은 청대부터 러시아제국의 군사적 압력으로 영토를 잃었다는 생각을 가지고 있던 데다가, 또 7,300킬로미터가 넘는 긴 국경선의 일부는 아직 획정되어 있지도 않았다. 그 때문에 중소 관계가 악화하면서 국경을 둘러싼 대립도 점차 긴장이 높아 갔다. 한창 그러던 차에 1968년 8월 20일 소련과 동유럽 국가의 군대가 사회주의 체제의 방위라는 명분을 내걸고 체코슬로바키아에 침입하여 체코가 추진하던 사회주

저우언라이-코시긴 회담 호찌민의 장례식을 계기로 코시긴 수상과 저우언라이 총리의 회담이 성사되어, 두 나라 사이에 긴장은 어느 정도 완화되었다(베이징, 1969년 9월, 《老照片》1, 72쪽).

의 개혁을 저지하는 사건이 일어났다. 소련의 군사적 위협에 대한 중국의 위기감은 한층 날카로워졌다.

1969년 3월 2일 마침내 우수리 강의 전바오 섬(珍寶島, 다만스키 섬)에서 중소 양국의 국경 경비대가 충돌했다. 중국 측 발표에 따르면 장갑차 등 4대의 차량에 나눠 탄 소련 병사 70명이 선제공격을 해왔다고 하지만, 소련 측 발표에 따르면 중국의 기습 공격을 받고 30명이 전사하고 14명이 중경상을 입는 피해를 당했다고 한다. 3월 15일에 발생한 두 번째 충돌에서는 두 나라 모두 수백 명의 병력과 중화기를 동원하여 서로 커다란 피해를 냈다. 게다가 7월 8일에는 헤이룽장 강의 바차 섬(八岔島, 고르진스키 섬)에서 국경 경비대 충돌 사건이 일어났다. 신장 지역에서도 4월부터 8월에 걸쳐 국경분쟁이 끊임없이 발생했다. 이들 사건의 진상을 해명하기는 어렵다. 그러나 중소 양국의 대립이 무력 충돌도 불사하는 심각한 상황에 들어섰음은 확실하다.

중국과 소련 양국은 서로 상대를 비난하면서 저마다 군대를 수십만 명 규모로 국경 지대에 집중시키고 상호 적대감을 높였다. 그 후 같은 해 9월 북베트남 지도자 호찌민이 사망하여 장례식에 참가한 소련의 코시긴 수상이 귀국길에 베이징에 들려 중국의 저우언라이 총리와 회담했다. 회담 결과, 국경의 현재 상황을 계속 유지하고 무력 충돌을 피하자는 것, 빠른 시일 안에 국경 문제에 관한 교섭을 개시할 것 등이 합의되어, 우선 중소 군사 충돌의 확대는 피할 수 있었다. 그러나 중소 국경의 경계 태세가 완전히 풀린 것은 아니었기에 긴장 상태는 계속되었다.

1969년 가을, 소련이 중국의 신장 지역 핵실험 시설에 기습 공격을 고려하고 있다는 보도가 흘러나온 적이 있었다. 이 보도 내용 자체는 근거가 없지만, 중국은 이때 소련과 전쟁을 시작할 가능성을 진지하게 고려하게 되었다. 베이징과 상하이는 물론, 주요 지방 도시에 이르기까지 대규모 지하 방공호를 파고, 민중들에게 핵전쟁에 준비할 것을 호소하였다 (1970년대 말 이후 지하 방공호의 대부분은 지하 상점가나 지하철로 모습을 바꾸어 21세기까지 남아 있다). 또 이 시기 소련 국내에서도 중국과 전쟁이 목전에 다가왔다는 관측이 자주 흘러나왔다고 한다. 중국이나 소련이나 서로 커다란 자기 그림자에 겁을 내는 것과 같은 상황에 빠져 들어간 것이다.

6장

문혁 노선의 불가피한 전환

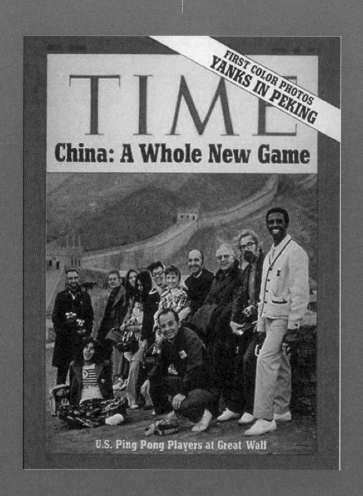

만리장성을 방문한 미국의 탁구 선수단 미국과 중국의 화해 분위기를 연출한 핑퐁외교는 중국이 변화하고 있다는 조짐을 전 세계에 전했다(《타임》 1971년 4월 26일).

1. 군대를 동원한 질서 회복

혼란의 심화   우한에서 7·20 사건이 일어난 1967년 여름부터 1968년
에 걸쳐, 각지에서 문혁에 반발하는 저항의 움직임이 퍼
져 나갔다. 쓰촨 성 청두에서는 문혁파 지지를 표명한 현지 공산당 간부
의 이름을 지목하여 그들을 타도하자고 부르짖는 현수막이 내걸리는 사
건이 일어났다. 문혁파가 실권을 쥔 허난 성에서는 "허난을 해방하자"는
호소가 확산되어, 성도(省都)인 뤄양(洛陽)의 가두에 "셰푸즈를 타도하
자"는 벽보까지 출현했다. 셰푸즈(謝富治)는 우한 7·20 사건 때 구속된
공산당 중앙의 문혁파 간부이다. 문혁파를 지지한 홍위병이 10대 후반
부터 20대 학생 및 임시직 노동자 등 반실업 상태의 젊은이들이 많았다
면, 문혁을 비판한 민중은 주로 비교적 안정적인 직장을 가진 공장 노동
자, 공무원, 농민 등 기존의 당 조직이나 행정기구와 밀접한 관계를 가진
자가 많았다.

위기감이 커진 문혁파는 "우파의 공격에 반격하자"는 슬로건을 내걸
고, 문혁 비판이 확산되는 것을 막으려고 했다. 그러나 문혁파에 대한 반
발은 강했고, 거기에 문혁파 내부의 파벌 다툼도 얽히면서 국내의 정치

적·사회적 혼란은 깊어만 갔다.

1968년 7월 3일에 공산당·정부·군이 연명으로 발표한 포고는 광시성 류저우(柳州), 구이린(桂林), 난닝(南寧) 등에서 일어난 일련의 사건으로 철도가 끊기고 베트남에 보낼 지원 물자조차 수송할 수 없게 되었으며, 습격을 받은 군 시설에서 무기와 탄약이 탈취되고 병사가 살상당했다고 밝혀 충격을 주었다. 또한 같은 달 24일의 당·정부·군의 연명 포고는 산시 성(陝西省)에서도 비슷한 사건이 발생하여 은행과 창고, 상점이 습격당하고 철도, 교통, 통신이 두절되었으며, 습격을 받은 군 시설에서 무기와 탄약이 탈취되고 병사가 살상되었다고 발표하였다. 심각한 혼란이 전국으로 확산되고 있었다.

대학의 질서를 회복하려 한 문혁파의 시도 역시 큰 곤경에 맞닥뜨렸다. 1968년 7월 27일 여러 홍위병 조직이 파벌 싸움을 벌이고 있던 베이징의 칭화대학에, 당 중앙의 문혁파가 노동자의 정치 선전 조직인 '공농 마오쩌둥사상선전대'(工農毛澤東思想宣傳隊) 수천 명을 파견하여 홍위병 조직의 무장을 해제하려고 했다. 이 과정에서 일부 홍위병이 격렬히 저항하여 5명이 사망하고 731명이 부상을 입는 대참사를 빚었다. 이 사태에 문혁파도 경악했다. 사건 발생 직후 심야에, 정확하게는 28일 오전 3시 반에 마오쩌둥이 직접 홍위병 지도자들을 불러 모아 "문혁은 문화투쟁이지 무력투쟁이 아니다. 여러분은 민중에게서 멀리 유리되고 말았다. 민중은 내전을 바라고 있지 않다. 군 시설을 습격하고 교통을 차단하고 사람을 죽이고 건물에 방화하는 행위는 한마디로 말하면 범죄다. 참회하지 않는다면 섬멸할 수밖에 없다"며 엄중하게 질책했다. 마오쩌둥의 질책은 문서로 작성되어 곧 전국으로 전해졌다. 일찍이 1966년, 즉 2년 전 가을에 홍위병 운동이 시작되던 시점에는 마오쩌둥 스스로도 홍위병들에게 큰 기대를 걸고 있었으나, 이제는 그들의 폭주를 방치할 수 없다고 선을 긋고 나선 것이다.

　이 시기에 이르면 마오쩌둥을 비롯한 당 중앙의 문혁파도 전국에서 그칠 줄 모르고 확산되는 혼란을 어떻게든 막지 않는다면 엄청난 사태가 벌어질 것임을 이해하기 시작했다.

군의 통제와 '하방'　1968년 8월 25일 공산당·정부·군은 연명으로 〈학교에 노동자 선전대를 파견하는 것에 관한 통지〉를 발표했다. 겉으로 드러난 파견 이유는, 공장 노동자를 주체로 하고 군대 병사도 가세하여 '마오쩌둥사상선전대'를 조직하여 순차적으로 각 학교에 파견하여 상주시키고, 학교의 학생, 교원, 노동자 중에 적극 분자와 협력하여 교육혁명을 수행하겠다는 것이었다. 구성원의 수로 보자면 확실히 선전대의 주체는 공장 노동자였지만, 대학에서 무기를 든 채 눈에 불을 켜고 여기저기 경계를 선 것은 병사들이었다. 말하자면 사실상 대학을 군의 관리 아래에 두고 홍위병 조직의 활동을 봉쇄하여 질서를 회복하려 했던 것이다. 기존의 당과 행정조직을 파괴한 후, 폭주하는 홍위병을 더 이상 신뢰할 수 없게 된 문혁파는 전국에 걸쳐 통치력을 유지하기 위해 이제 군에 의지할 수밖에 없었다.

　8월 25일 '통지'가 대학만을 대상으로 한 것은 아니다. 대학에서 출발하여 고등학교, 중학교, 초등학교까지 포함한 모든 학교에서 마오쩌둥사상선전대를 파견한다는 방침을 선포했다. 실제로 나중에 노동자가 많지 않은 농촌 지역에서는 농민까지 동원하여 선전대를 조직한 뒤 모든 학교에 파견하였다. 단순히 홍위병 조직의 활동을 봉쇄하는 것이 아니라,

민중에 대한 정치교육을 철저하게 강화하려는 의도가 포함되어 있었다.

한편 1966년에 문혁의 영향으로 대학교 입학생 모집 업무가 정지된 뒤로 1968년까지 3년 동안 1천만 명이 넘는 고등학교 졸업생이 진로를 정하지 못하는 상황에 놓여 있었다. 이런 불안정한 상태의 젊은이들이 홍위병 운동의 주된 인력 공급원이기도 했다. 따라서 홍위병 활동을 완전히 봉쇄하려면 그들이 나아갈 길을 정해 주어야만 했다. 그러나 문혁의 혼란으로 생산력은 떨어지고 도시 상공업의 일자리에는 한계가 있었다. 이렇게 해서 제기된 것이 '상산하향'(上山下鄕, 산촌과 농촌으로 내려가자) 운동이었다. 도시 지역에서 학교를 졸업한 뒤 농촌이나 오지의 공장에 가서 일하는 것을 '하방'(下放)이라고 불렀다.

1968년 11월 15일 당·정부·군은 연명으로, 문혁 시기에 공부할 시간도 없이 졸업반이 되어 버린 학생들이나 진로를 정하지 못한 졸업생들에게 모두 직장을 정해 주겠다는 방침을 알렸다. 그리고 그해 12월 22일자 《인민일보》는 간쑤 성에서 도시 주민 일부가 농촌으로 이주했다는 보도와 함께 대학교, 고등학교, 중학교 졸업생에게 농촌으로 가서 농민에게서 배울 것, 또 농민에게도 학생들을 기꺼이 받아들이라고 호소하는 마오쩌둥의 발언을 실었다. 그 뒤로 홍위병 세대에게 도시를 벗어나 농촌으로 들어가라고 호소하는 캠페인이 대대적으로 전개되었다. 하지만 생산 현장에서 농민과 노동자한테 배우자는 말은 구실에 지나지 않았고, 실제는 허울뿐인 성가신 존재를 쫓아 버린 것이었다.

한편 도시에서 자란 젊은이들(당시는 중국어로 '지식 청년'이라고 하여 '지청'知靑, 즈칭으로 줄여 불렀다)에게는 생활수준이 나아지지 않은 농촌에서 생활한다는 게 고달픈 경험이었다. 게다가 논밭에서 일해 본 적이 없는 도시 젊은이들은 농촌 사회에서 볼 때 부양할 입이 하나 더 느는

쓰촨 성 청두에서 윈난으로 향하는 지식 청년들 홍위병의 공급원이었던 '지청'들이 각지 대도시에서 농촌으로 하방되었다(《中國知靑史大潮》).

것뿐이라는 인상을 주었기 때문에, 농민들한테서도 냉대를 받아 도망치듯 도시로 되돌아간 이도 적지 않았다. 하방된 곳에서 부상을 입거나 사고로 목숨을 잃는 이들도 생겼다. 진학의 희망은 꺾이고 농촌에서 살 수밖에 없게 된 그들의 심정을 노래한 것이 〈난징 지청의 노래〉(南京知靑之歌)이다.

해 뜨자마자 들일을 하고, 달빛 아래 돌아가네. 이것이 나의 운명인가. 지구를 아름답게 꾸미고, 우주를 아름답게 꾸미며, 이윽고 행복한 내일이 오기를 믿고 싶네.

跟著太陽出 伴著月亮歸 沉重地修理地球 是光榮神聖的天職 我的命運 啊 用我的雙手繡紅了地球 繡紅了宇宙 幸福的明天 相信吧 一定會到來.

서정적인 중국풍 멜로디를 타고 전국으로 퍼진 이 노래는 우연히 소련의 모스크바 방송에서도 흘러나온 탓에 문혁에 반대하는 책동으로 간주되어 엄격한 단속 대상이 되었고, 작자는 9년 동안 투옥되었다.

지식 청년 중에는 농촌과 공장에서 겪은 경험을 자기 인생의 양식으로 삼고 깊이 사색하여 문혁이 끝난 뒤에 학교로 돌아가 활약한 사람도 있었고 문화 분야나 실업계에서 눈부신 활약을 보인 사람도 있었다. 중국 영화의 뉴웨이브를 대표하는 〈황색의 토지〉(黃土地, 1984)의 감독 천카이거(陳凱歌)도 그중 한 사람이다. 만인 앞에서 아버지를 심하게 비난할 수밖에 없었던 문혁 초기의 잊을 수 없는 기억에서 시작하여, 윈난 성에 하방되어 2년 동안 산골에서 노동하기까지 치열한 나날들이 천카이거의 깊이 있는 인간관을 형성했다(천카이거,《나의 홍위병 시대》私の紅衛兵時代, 이 책은 1990년에 일본 講談社에서 처음 출판되었고, 2001년에《少年凱歌》라는 책으로 人民文學出版社에서 출판되었다―옮긴이). 1978년과 1979년에 대학교에 입학한 '치바지'(七八級, 78학번), '치주지'(七九級, 79학번) 연장자 가운데 특히 이런 사람들이 많은 것 같다.

혁명위원회 전국으로 혼란이 확대되고 경제활동에도 어려움이 생기자 마침내 군을 개입시켜 질서 회복을 시도했다. 그저 대학교에 군대가 진주하는 것에만 머물지 않았다. 1967년 2월 이후 각지에서 해체 상태에 놓인 지방정부와 당 기관을 대신하여 군의 주도로 혁명위원회라는 새로운 권력 기구가 설립되어 질서 회복을 담당했다.

혁명위원회라는 기구가 처음 등장한 곳은 5장에서 서술했듯이 헤이룽장, 구이저우, 산둥, 상하이였다. 명칭이나 제도는 지역마다 달랐다. 예

나란히 앉은 마오쩌둥과 린뱌오 공산당 제9회 전국대회(1969년 4월,《人民中國》1971년 7호, 66~67쪽).

를 들어 상하이에서 문혁파는 당초 중국어로 코뮌을 뜻하는 '공사'(公社) 라는 단어를 사용하여, 1871년 세계 최초로 노동자 권력을 수립했다고 평가하는 파리코뮌을 따라 '상하이 인민공사'라고 불렀다. 하지만 문혁 파가 장악하고 있던 공산당 중앙에서조차도 반대 의견이 속출했다. 상 하이 문혁파 간부를 베이징에 소환한 마오쩌둥은 "중화인민공화국을 중 화인민공사로 바꾸자는 것이냐. 국가주석은 인민공사 사장이 되는 것이 냐"라며 힐책하고, 당 지도권을 명확히 할 수 있는 혁명위원회라는 명칭 을 채용하도록 지시했다. 산시 성(山西省)과 구이저우 성의 문혁파가 설 립한 '혁명조반 총지휘부'(革命造反總指揮部)라는 권력 기구도 혁명위원 회로 명칭을 고쳤다.

혁명위원회는 '군·혁명적 간부·혁명적 민중' 3자가 주축이 된다(三 結合)고 보고, 일반적으로는 '군'의 대표와 '혁명적 간부' 대표(당이나 행정기관의 문혁파)가 각각 20퍼센트 정도, '혁명적 민중' 대표(각 대학과 공장의 문혁파 조직의 지도자)가 50퍼센트 정도, 그 밖에 민중 단체 대표 10퍼센트 정도로 구성하는 것으로 했다. 하지만 선거가 실시된 것은 아니었다. 간부 대표나 민중 대표는 파벌 다툼이 벌어져 몇 차례나 교체되었으며, 군 대표가 가장 중요한 역할을 맡는 경우가 많았다. 혁명위원회는 당무와 행정, 군사, 사법 등 전권을 한 손에 장악하는 독재적 기구이다. 실제로는 전문 지식과 능력을 갖춘 행정 간부가 지극히 부족하여 경제 운영에 온갖 장애가 생겨났다.

1968년 9월 마지막까지 남아 있던 티베트와 신장에도 혁명위원회가 성립되자, 그해 10월 공산당 제8기 제12회 중앙위원회가 개최되었다. 지난번에 열린 중앙위원회가 조직된 이후 2년 2개월이나 세월이 흘러 있었다. 게다가 출석자 가운데 정규 중앙위원은 978명 중 40명뿐이었다. 문혁이 불러온 혼란이 얼마나 컸는지 짐작할 수 있는 대목이다. 회의는 전 국가주석 류사오치의 제명(1969년 11월 옥중에서 병사)을 결정하고, 이어서 질서 회복을 추진한다는 방침을 확인했다.

중소 국경분쟁이 발생한 다음 달인 1969년 4월에 열린 중국공산당 제9회 전국대회는 "마오쩌둥 동지의 절친한 전우이자 후계자"로 린뱌오(林彪)를 내세우고, 군을 대표하는 국방장관 린뱌오를 마오쩌둥의 후계자에 지명하는 당 규약을 채택했다. 질서 회복에서 가장 큰 역할을 한 군이 바야흐로 공산당까지 지배하는 지위로 올라서게 되었다. 하지만 급진적 사회주의화를 지향하던 문혁파로서는 군의 영향권 밑으로 들어가는 사태가 꼭 바람직한 상황이었을 리 없다. 후계자의 이름을 규약에 명기한다는, 중국공산당 역사에서 이례적인 조치가 단행된 데에는 린뱌오에 대한 불신감을 불식시키려는 목적도 있었다. 문혁으로 실권을 잃은 당내

위뤄커(1942~1970) 홍위병 운동에 참가한 위뤄커는 노동자·농민 출신자를 우대하는 공산당의 차별 의식을 비판했다가, 불온한 사상을 가졌다고 해서 처형당했다(《老照片》 10, 23쪽).

다수파한테 지지를 받지 못한 것은 물론이거니와 실권을 장악한 문혁파한테서도 전폭적인 신뢰를 얻지는 못했기 때문에, 린뱌오의 지위는 걱정하지 않아도 될 만한 것이 결코 아니었다. 대외 정책을 둘러싼 노선 대립에서 린뱌오가 실각할 소지는 꽤 이른 시기부터 있었다.

새로운 길　차마 눈 뜨고 볼 수 없을 지경에 이른 문혁 시기의 혼란 속에서도 새로운 길을 모색하는 움직임은 이어지고 있었다. 앞서 살펴본 것처럼, 홍위병 중 한 사람이었던 위뤄커는 출신에 따라 차별하는 중국공산당 내의 "아비가 혁명가면 자식도 혁명가, 아비가 반동이면 자식도 반동"이라는 논리를 근본적으로 부정하는 사고방식을 제기한 바 있다.

여기에 또 다른 한 젊은이의 사상을 소개해 둔다. 베이징외국어학원(北京外國語學院, 오늘날 베이징외국어대학) 동유럽어학부 독일어 전공 4학년에 왕룽펀(王蓉芬)이라는 여학생이 재학하고 있었다. 다른 여러 친구들과 함께 홍위병 운동에 참가했던 그녀는, 1966년 8월 톈안먼 광장에서 열린 대규모 홍위병 집회에 출석하여 마오쩌둥의 연설을 듣고서 강한 위화감을 느꼈다. "이건 마치 녹음기를 통해 듣는 히틀러의 연설과 마찬가지가 아닌가." 이렇게 직감한 왕룽펀은 고민한 끝에 결심을 굳히고 9월 24일에 마오쩌둥 앞으로 편지를 썼다.

존경하는 마오쩌둥 주석께.
당신이 지금 무엇을 하고 있는지, 공산당원의 한 사람으로서 생각해 주십시오. 눈앞에 전개되는 모든 움직임이 무엇을 의미하는지, 당의 이름으로 생각해 주십시오. 당신이 중국을 어디로 끌고 가려고 하는지, 중국 인민의 이름으로 생각해 주십시오. 문화대혁명은 민중운동이 아닙니다. 한 인간이 총으로 민중을 움직이고 있을 뿐입니다. 저는 오늘로 중국공산주의청년단을 탈퇴할 것을 삼가 공개적으로 선언하는 바입니다.

소속과 이름을 명기한 이 편지를 중국공산당과 중국공산주의청년단에도 투서한 왕룽펀은 그해 9월 말에 체포되어 처분 보류인 채로 10년 가까이 구류된 끝에, 1976년 1월에 무기징역 판결을 받았다. 그리고 문혁이 종결된 후 1979년 3월 문혁기의 억울한 사건을 구제하는 첫 대상자 중 한 명으로 무죄 석방되었다.
체계를 갖추거나 논리적으로 구성된 것은 아니지만, 왕룽펀의 편지는 문혁의 본질적인 문제점을 날카롭게 지적하고 있다. 바로 그렇기 때문에 이 한 통의 편지가 마오쩌둥과 중국공산당을 뒤흔들었다. 동화책《벌거숭이 임금님》을 떠올리게 하는 실화이다. 동시에 한 통의 편지로 무너질 정도로 문혁은 취약한 사상적 기반 위에서 전개되었다는 점에도 주의를 기울여야 한다. 중화민국(1912~1949)의 사상적 유산은 1950년대 백가쟁명 운동 시기를 거쳐 1960년대까지 이어지고 있었다. 그리고 민주주의를 요구하며 1974년 11월에 광저우에서 발표된 '리이저(李一哲)의 대자보'나 1978년 가을부터 1979년 봄에 걸친 '베이징의 봄'이라고 일컫는 문혁 비판 움직임 등 1970년대 사상적 영위(營爲)를 북돋우는 수맥은 1960년대에도 계속 흐르고 있었다.

2. 벽에 부닥친 사회주의 경제

답보 상태의 농업 1970년대에 들어설 무렵 여러 측면에서 중국 경제의 낙후성이 뚜렷이 드러나기 시작했다. 경제가 전혀 발전하지 않았다는 뜻은 아니다. 이웃 나라 일본의 고도성장을 비롯하여 타이완이나 한국의 급성장에 견주면 눈에 띄게 뒤떨어져 보이는 상태에 빠진 것이다.

문혁이 불러온 혼란 속에서 농업과 공업 총생산액은 1967년에 전년 대비 약 10퍼센트 감소하고, 1968년에도 전년 대비 4퍼센트 감소했다. 철도화물 수송량은 1967년에 전년 대비 21.6퍼센트, 1968년에 2.3퍼센트 하락했다. 군대가 질서를 회복시킨 1969년에는 거의 1966년 수준으로 회복되었다. 그 후에 세계대전(미국, 소련과 전쟁을 벌일 가능성을 생각했다)의 대비를 목표로 하면서 1970년에 25.7퍼센트 증가, 1971년에 12.2퍼센트 증가하는 등 상식을 뛰어넘는 대폭적인 신장을 기록했다. 설비투자액과 노동자 수가 급격히 증가함에 따라 식량 공급에 부담이 가중되고 통화 발행이 증가하는 문제가 생겨났다. 그러나 문혁기의 통계 시스템이 비정상적인 상태였기 때문에, 생산 증가가 실제로 투자액에 상

미곡 생산과 미곡 소비량의 추이(1952~1970년)

	미곡 생산량(만 톤)		경지면적당 수확(*kg*/10a)		국민 1인당 미곡 소비량(*kg*/년)
	쌀	밀	쌀	밀	
1952	6,843	1,813	241	74	198
1957	8,678	2,364	269	86	203
1960	5,973	2,217	202	81	164
1965	8,772	2,522	294	102	183
1970	10,999	2,919	341	115	187

출전:《중국통계연감》(中國統計年鑑) 1983년판

응하여 이루어졌는지는 정확히 판단하기 어렵다. 어쨌든 1960년대 중반부터 1970년대 초반까지 중국 경제는 몹시 불안정한 움직임을 보이면서, 일본, 타이완, 한국에 뒤처지게 되었다.

심각한 문제 가운데 하나는 농업 생산의 침체였다. 확실히 식량 확보를 지상 과제로 삼았으므로 농업 생산이 완만하지만 발전하고 있었음은 인정할 수 있다. 그 요인으로 대약진 시기의 수리시설 건설로 경지면적이 확대된 것, 다수확 품종 개발과 화학비료 투입으로 증산을 꾀한 것, 문혁의 혼란이 농촌에는 그다지 파급되지 않았던 점(공산당 지도부가 그러한 사태를 신중히 회피했다고 말하고 있지만, 실제는 농민이 공산당이 부르짖는 정치 운동에 질려 있었던 것 같다) 등을 지적할 수 있다. 그러나 1950년대에 견주어 봐도 경지면적당 농업 생산성이 크게 향상된 것은 아니었고, 인구 증가의 영향으로 국민 1인당 미곡 소비량은 오히려 감소했다(위의 표 참조).

1970년대 초까지도 인민공사의 집단농업 형태가 존속하고 있었지만, 대약진 시기에 나타난 것처럼 수천 호나 되는 대규모 집단 경영은 자취를 감추었다(면적으로 5퍼센트 정도 되는 국영농장만은 집단농업을 계속했다). 대신 인민공사의 기초 조직인 생산대(生産隊)는 30호가량 자연촌 규모의 공동 작업이 중심이 되었다. 그러나 자작농 경영은 인정하지 않았으며 과거부터 이어 온 섬세한 집약 농업은 사라진 상황이었다.

또 농산물 시장이 자유화되지 않았기 때문에 1970년대 들어서까지 인민공화국 농업에는 자급적 색채가 짙게 남아 있었고, 식량 총생산량 가운데 도시를 겨냥하여 팔리는 분량(상품화율)은 20퍼센트 정도, 생산지의 성(省)과 도시가 아닌 역외로 나가는 비율은 1퍼센트도 안 되는 상태가 계속되었다. 이렇듯 저조한 농업 생산은 공업 부문을 위해 충분한 식량과 원료를 확보할 전망을 가질 수 없게 했기 때문에, 공업화를 추진하는 데 병목 현상을 일으켰다.

뒤처지는 공업 1970년대까지 중국의 공업화가 도달한 수준은 오른쪽 표와 같다. 인도와 비교하면 약간 진전된 상태이지만, 일본과는 자릿수가 다를 정도로 격차가 생겨났다. 20세기 전반과 비교해도 중국과 일본의 격차는 더욱 커졌다.

국영기업의 낮은 생산성도 심각한 문제였다. 문혁 말기의 상황을 나타내는 1978년 자료에는 다음과 같은 흥미로운 숫자가 제시된 적이 있다. 그해 대규모 국영기업 1,222개사에서 1,109만 명의 노동자가 일하고 1,060억 위안을 생산하고 있는 데 반해, 중소기업 34만7,225개사에는 3,328만 명의 노동자가 일하고 3,170억 위안을 생산하고 있었다. 이 두 계열의 수치를 비교해 보면, 기업 하나당 평균 생산액은 대기업이 중소기업보다 95배나 더 높지만 노동자 1인당 생산액은 대기업이 9,558위

중국, 일본, 인도의 공업화 수준 (1970년대)

	중국	일본	인도
광공업 생산 연평균 증가율(%, 1960~70년)	4.3	10.9	5.5
1인당 섬유 소비량(kg, 1974년)	0.3	7.0	0.2
1인당 강재(鋼材) 소비량(kg, 1977년)	35.0	512.0	16.0

출전:《中國經濟のディレンマ》, 98쪽

안, 중소기업이 9,525위안으로 거의 같다. 바로 기업 규모가 크다고 해서 높은 노동생산성을 발휘한 것은 아니었다는 실태를 적나라하게 보여 준다.

또한 1970년대 초가 되어도 소규모 제철소, 화학비료 공장, 농업기계 공장, 시멘트 공장, 발전소 등 지방에 소규모 공업을 건설하는 노선이 계속되어, 생산성이 낮고 환경오염이 심각한 공장들이 전국 곳곳에 남아 있게 되었다. 1950년대에 건설된 소규모 제철소의 경우, 경제성이란 측면만 보면 폐쇄해도 할 말이 없을 정도로 수준이 떨어지는 곳이 많았다. 그러나 실제로는 군사적·정치적 배려 때문에 국가 재정으로 지원하면서 그 후에도 대부분의 공장이 도태되지 않고 존속했다. 아니, 도태되기는커녕 1970년대 초에는 다시 이런 소규모 제철소의 확충이 장려되기까지 했다.

국제경제에서 차단된 공업을 단적으로 보여 주는 것은 기술 정체이다. 뛰어난 공업 기술이 전혀 육성되지 않았다는 말은 아니다. 원자폭탄, 수소폭탄, 핵미사일 개발에 성공했으며, 세계 정상급의 대형 프레스 기계나 발전기 제조에 성공했다. 그러나 전반적으로 설비가 낡아서 생산성이 낮았으며, 자동화나 인력 절감(省力化)에서 뒤처지는 등 문제가 산적해 있었던 것은 분명했다.

어째서 이러한 상황이 되어 버렸을까. 우선 첫째로, 불완전한 기술 이전이 되풀이된 점이다. 설계도와 견본을 이용한 모조품 제조에 중점을 두었고, 라이선스를 취득하여 기술자를 연수시키는 본격적인 기술 도입을 하려는 동기가 없었다. 이 문제는 인민공화국에 선행하는 중화민국 시대에도 이미 존재했으며, 극복하려 했지만 충분히 이뤄지지 못한 문제였다. 두 번째로 1950년대는 소련 기술을 도입할 때 비용 일체를 중국이 일괄적으로 부담하는 방식이 주류가 되어, 역시 기술 개발 역량을 양성하기가 어려웠다. 또 세 번째 문제점으로 1960년대는 자체 기술 개발에 지나치게 의존하는 경향이 있었다는 점도 지적해야 한다. 대외적 고립 속에서 어쩔 수 없는 선택이었다는 측면도 있지만, 국제적 선진 기술을 익히지 않고 1970년대까지 오고 말았다는 점은 훗날까지도 크게 영향을 미쳤다.

나아지지 않는 민중 생활

앞에서 지적했듯이 경제성장율 자체는 1967~1968년에 후퇴한 후, 1970~1971년에 급격히 신장하여 상승으로 돌아섰다. 그러나 경제성장의 실질적 내용은 군수 생산 확대와 전시체제 강화였고, 생활 물자의 생산과 공급은 다시 뒤로 밀렸다. 따라서 국민 1인당 생활 물자 소비량은 여전히 제자리걸음 상태에 있었다(오른쪽 표 참조).

의식주 가운데 의료(衣料)에 관해 말하자면, 면포를 중심으로 1인당 연간 8제곱미터 정도의 섬유 제품이 공급되었다. 그러나 이 수준은 1950년대에 비해 30퍼센트 정도 상승하는 데 그친 것이며, 여전히 배급

생활 소비재 1인당 연간 소비량 추이(1952~1970년)

	면포 등 직물(m^2)			미곡 등(kg)		
	전국 평균	도시 지역	농촌 지역	전국 평균	도시 지역	농촌 지역
1952	5.7	13.4	4.6	197.7	240.4	191.7
1957	6.8	11.4	6.0	203.1	196.0	204.4
1962	3.7	7.1	3.0	164.6	183.8	160.6
1965	6.2	11.7	5.0	182.8	210.7	177.1
1970	8.1	15.6	6.6	187.2	201.8	184.4

출전:《中國貿易物價統計資料 1952~1983》

제도의 관리 아래에 놓여 있었다. 쌀이나 밀 같은 주식이 되는 곡물류의 소비량은 대약진 시기를 제외하고 1인당 연간 합계 약 200킬로그램 수준의 추이를 보였다. 생산량의 신장을 인구 증가가 상쇄함으로써 1인당 소비량은 늘지 않고 있었다. 식량도 엄격한 배급 제도 아래에 놓여 있어 부족분을 수입하는 상태가 계속되었다. 또 대약진 시기에는 이 숫자가 160킬로그램 정도까지 하락하여 심각한 식량 위기가 발생했다는 사실은 이미 3장에서 살펴본 대로이다.

한편 제2차 세계대전 이후 세계경제가 발전하는 가운데 많은 국가에 보급되고 있던 텔레비전이나 세탁기, 냉장고 같은 전자제품은 1970년대 초만 해도 중국에서는 여전히 진귀한 존재였다. 민중들이 손에 넣을 만한 내구 소비재라고는 재봉틀, 라디오, 자전거 정도였다.

사람들의 생활을 불편하게 만든 이유 가운데 하나는, 모든 곳에서 생산 제일주의가 관철되면서, 소매상점이나 음식, 미용, 관광, 여가 등 서비스 산업을 충분히 배려하지 않았기 때문이다. 상점의 숫자는 사회주의화가 강행된 대약진, 문혁이 계속된 1950년대부터 1960년대 사이에 크게 줄어들었다. 1952년 소매상점은 전국에 420만 개 점포가 있었으나 1965년이 되면 88만 개로 줄었다. 마찬가지로 음식점은 85만 개에서 22만 개로, 각종 서비스업 점포는 45만 개에서 19만 개로 감소했다.

요컨대 대약진 시기 식량 위기와 같은 일부 시기를 제외하고, 의식주 면에서 최소한의 생활은 보장되었지만 생활을 즐기기에는 여전히 갈 길이 먼 상태였다.

게다가 중국의 민중은 그런 생활을 강요당하면서도, 바깥 세계와 정보가 차단되고 엄격한 정치사상 통제 아래 있었기 때문에, 불만을 말하고 싶어도 도저히 밖으로 표현할 수 없는 상태였다. 문혁파의 주도 아래 군대의 힘을 빌려 사회질서를 회복하려 했던 1970년에, 자의적 판단에 따라 '배신자,' '스파이,' '반혁명 분자'라는 정치적 죄목으로 적발된 민중은 그해 2월부터 11월까지 불과 10개월 만에 184만 명을 넘어섰다. 그중 체포된 자가 28만 명 이상, 처형된 자가 적어도 1천 명이 넘는다고 보고하고 있다. 적발당한 사람의 몇 배나 되는 민중들이 '검사'라는 취조를 받았는데, 그 대부분은 억울한 혐의였다. 이 시기에 관련된 사료에는 "혁명을 무시했다," "외국 라디오 방송을 듣고 있었다," "마오쩌둥의 사진을 찢었다" 등 다른 나라에서는 아무런 죄가 되지 않는 죄목이 줄줄이 나온다.

3. 대외 전략의 전환

미국과의 관계 개선 소리 높여 제국주의 비판을 외치던 문혁파가 중국 정치의 실권을 장악하는가 하면 베트남전쟁을 계속하던 미국이 국제적으로 고립되는 가운데, 비밀리에 중국과 미국의 관계 개선을 모색하는 움직임이 진척되고 있었다. 1970년에는 1968년 이래 중단된 미국과 중국의 대사급 회담이 다시 시작되었다. 이러한 동향의 배경에는 중국과 미국 모두 저마다 나름의 사정이 있었다.

문혁이 시작되던 시기의 중국은 미국과 소련 두 나라와 군사 충돌을 대비하면서, 동시에 '인도 반동파'와도 '일본 군국주의'와도 대결한다는, 이른바 사면초가에 가까운 고립감을 느끼며 세계와 접촉하고 있었다. 그러면서 1968년 체코슬로바키아 민주화 운동을 소련과 동유럽 국가들이 무력으로 개입하여 저지하고, 1969년에 중국과 소련의 국경분쟁이 일어난 뒤에는 긴 국경을 접하고 있는 소련의 위협이 중국으로서는 가장 절박한 위협이라고 인식하게 되었다. 전국 각지에서 지하 방공호를 건설하는 것을 비롯하여 1969년 가을부터 1970년에 걸쳐 전시체제를 강화한 것도 특히 소련의 공격을 의식한 것이었다. 이런 상황에서 당시 중국공산당 지도부가 미국과 소련의 움직임을 검토하고 국제 전략을 논의하면서 얻은 결론은, 미국과 소련 간의 모순을 이용하여 우선은 미국과 관계 개선을 꾀하고 소련의 공격을 견제하자는 것이었다.

한편, 베트남전쟁의 늪에서 빠져나오려고 했던 미국도 중국과의 관계 개선에서 이익을 찾아내고 있었다. 1969년에 출범한 닉슨 정권은 베트남전쟁 종결을 촉구하는 미국의 국내 여론에 부응할 필요가 있었고, 그러기 위해서는 베트남을 지원하는 중국과 관계를 개선하는 것이 핵심이라고 판단했다. 이에 더하여 국무장관 헨리 키신저(Henry A. Kissinger)가 주도하여, 미국의 국제 전략 자체를 이데올로기에서 실리실익에 기본을 두는 방향으로 전환하려는 의도도 작용하고 있었다.

다시 열린 1970년 2월의 미중 대사급 회담에서 중국은 미국 측 제안에 응하여 "미국 측이 각료급 대표 또는 특사를 베이징에 파견하여 미중 관계의 근본 원칙 문제를 검토하고 싶다면 맞아들이고 싶다"는 태도를 표명했다. 그 후 미국 쪽이 중국여행제한 완화(1970년 3월), 타국산 비전략물자의 대중국 수출규제 완화(1970년 4월) 같은 조치로 신호를 보내면서 특사 파견의 구체적인 조건을 검토하자, 중국은 1971년 4월 타이완 문제와 관련한 미국 측의 양보, 특히 타이완과 타이완해협에서 미군 철수를 조건으로 구체적으로 명시하고 이것을 받아들인다면 특사 파견을 환영한다는 뜻을 미국 쪽에 전달했다. 그달 4월에 열린 세계탁구선수권 무대를 이용하여 중국이 미국 탁구 팀을 베이징에 초청하는 에피소드도 있었다. 중국과 미국의 관계 개선 가능성을 나라 안팎에 타전한 이른바 '핑퐁외교'이다.

또 중국은 1970년 10월 인민공화국 건국 기념일 축하 집회에 굳이 미국인 기자 에드거 스노(Edgar P. Snow, 1905~1975)를 초대하여 나라 안

톈안먼 위에 함께 선 마오쩌둥과 에드거 스노 중국은 국경일 축하 집회에 굳이 미국인 기자 스노를 초대하여 중미 화해의 메시지를 보냈다(베이징, 1970년 10월).

팎에 미중 화해 메시지를 보냈다. 스노는 일찍이 1930년대에《중국의 붉은 별》이라는 르포문학을 저술하여 전 세계에 중국공산당의 존재를 알린 언론인이며, 중국공산당과도 마오쩌둥 개인과도 친근한 벗이었다. 그러한 스노라고 해도 국경일에 톈안먼 단상에 마오쩌둥과 나란히 선 것은 처음 있는 일이었다.

이러한 일련의 준비를 거쳐 1971년 7월 미국의 키신저 국무장관이 비밀리에 베이징을 방문하여 저우언라이 총리와 회담했다. 회담이 끝난 뒤에 닉슨 대통령의 중국 방문 계획을 포함한 합의 사항이 공표되면서, 중국과 미국의 관계가 새로운 단계에 접어들었다는 사실이 극적으로 전세계에 알려졌다.

중일 국교 정상화　1971년 여름 중미 관계 개선이 중일 관계에도 탄력을 줄 것이라는 것은 누가 봐도 분명했다. 실제로 이듬해 1972년 9월에는 중일 국교 정상화가 실현되었다. 하지만 두 나라 사이에 국교가 정상화된 이유를 오로지 미중 관계의 개선에서만 찾을 수는 없다. 중일 두 나라 사이에는 국교 정상화를 가로막는 온갖 장애가 존재하고 있었다. 그렇다면 중일 국교 정상화를 추진했던 힘은 무엇이었을까? 자세한 것은 《중국근현대사》 5권으로 돌리고, 중일 국교 정상화로 나아간 움직임을 간단하게 정리해 보겠다.

첫째로 일본의 국내 여론 중에 친중국 또는 친인민공화국적인 부분이 있었고, 그것을 기반으로 중일 평화우호운동이 1950년대부터 계속되어 온 점은 평가해 마땅할 것이다. 그러나 중국에 호감을 가진 사람들이 전후 국교 정상화에 이르기까지 여론조사에서 늘 소수파였던 것(시사통신사의 조사에 따르면 1960년대에 중국이 "좋다"고 한 응답은 2~4퍼센트, "싫다"고 한 응답은 30~42퍼센트 범위에서 움직였다《圖說戰後世論史》)이 단적으로 보여 주듯이, 일본 국내에서 중일 평화우호운동은 결코 큰 세력이 아니었다. 1960년대 후반부터 1970년대 초반까지 베트남전쟁 반대운동, 미일안보조약 자동 연장 반대운동, 오키나와 복귀 요구운동을 통해 그러한 세력이 점차 늘어나는 경향을 보이고 있었다고 말할 수는 있지만, 다수파가 될 정도의 세력은 가지고 있지 않았다.

둘째로 일본 경제계에서 중국 시장에 대한 기대가 높아지고 있었던 점을 주목해야 한다. 유엔의 대표권 문제에서 중국이 타이완보다 유리한 지점을 차지해 가고 있었고 인민공화국의 국제사회 복귀가 가까워지고 있는 것을 내다보고, 이윽고 그 거대한 시장이 외국 자본에게도 개방될 날이 올 것에 대비하여 중국과 경제 관계를 강화하는 움직임이 커져 가

유엔 대표권 회복 뉴욕의 유엔본부에 걸린 중국 국기.

고 있었다. 1970년 가을 이후 도요타자동차, 아사히카세이(旭化成) 같은 유력 기업이 타이완, 한국과 관계 축소를 교역 조건으로 내세우는 중국 측의 요구에 점차 응하면서 중국 시장으로 무게중심을 옮기기 시작했다.

셋째로 일본의 정계나 보수 정권 사이에서 새로운 움직임이 생겨난 점이다. 1950년대 이래 보수 정권에 큰 영향력을 행사하던 타이완 로비의 지위는 내려간 반면, 경제계 흐름의 변화나 여론의 변화 등을 읽어 내고 중국과의 국교 정상화를 시야에 넣은 새 정책을 모색하는 정치 세력이 움직이기 시작했다. 정치권의 신구 세대교체 물결이 영향을 주고 있었음은 말할 필요도 없다. 1970년 말 이후 중일 국교회복 촉진 의원연맹(日中國交回復促進議員連盟, 회장 후지야마 아이이치로), 중일 국교정상화 국민협의회(日中國交正常化國民協議會, 공명당 계열), 중일 국교회복 국민회의(日中國交回復國民會議, 사회당 계열)가 잇따라 발족되었다.

그리고 네 번째로 가장 중요한 의미를 가진 것이 중국공산당 지도부의 판단이다. 위험하기 그지없는 미국, 소련과 양면에서 대결하는 상황을 어떻게든 회피하기 위해 이미 미국과 화해하기로 결단한 중국공산당 지도부가 볼 때, 미국 휘하의 동맹국으로 보이는 일본과 관계를 개선하는 것은 당연한 선택이었다. 당시 안보 동맹과 오키나와 문제를 매듭지은 일본 정부는 그것을 바탕으로 미일군사동맹을 더욱 안정시키고 강화하는 쪽으로 움직이고 있었고, 중국으로서도 충분히 받아들일 수 있는 것이었다. 또 그 무렵 중국은 문혁의 혼란을 수습하고 전시체제의 재편에 착수하고 있었으므로, 경제 재건을 위해 일본이 가진 자금력과 기술력을 동원하는 것도 중요하다고 여겼음에 틀림없다. 대약진에 따라온 혼란을 수습한 1960년대 전반의 경제조정 시기에 일본에서 화학섬유 제조 설비의 수출 등 귀중한 경제협력을 얻었던 것을 당시 공산당 지도부는 잘 알고 있었다.

그러나 중일 관계가 개선 쪽으로 움직이기 시작한 1971년은 두 나라 사이에 새로운 분규의 씨앗이 싹튼 해이기도 했다. 남중국해에 떠 있는 센카쿠 제도(尖閣諸島, 중국 이름은 댜오위다오)의 영유권을 중국이 주장하기 시작했기 때문이다. 센카쿠 제도에는 바다 위로 험준한 벼랑이 솟아오른 작은 무인도가 늘어서 있어, 예부터 류큐와 대륙 사이를 오가는 배의 표식이 되었다. 일본의 메이지 정부는 1979년에 류큐를 오키나와 현으로 만든 뒤 오키나와 현에 소속된 해역의 국경을 획정하는 절차에 들어가, 1895년 1월에는 국제법에 근거하여 센카쿠 제도를 일본 영토로 편입하는 조치를 취했다. 그 시점에서는 청 정부가 이의를 제기하지 않았다. 이후 1971년에 이르기까지 중화민국 정부가 대륙에 있던 시기에도, 또 중화인민공화국으로 정권이 바뀐 뒤에도 이 지역에서 조난 사고가 일어나거나 무슨 일이 생기면 중국 측은 일본의 영유권 승인을 전제로 한 대응을 계속해 왔다. 전전(戰前)에는 센카쿠 제도를 거점으로 일본 사람들이 고기잡이를 했으며, 일시적으로 개척민 이주도 시도된 바 있다.

그러나 1960년대 말 센카쿠 제도 부근에 석유를 비롯한 풍부한 대륙붕 자원이 잠들어 있음이 명확해지자, 1971년 4월에 타이완 정부가, 12월 말에는 중화인민공화국 정부가 마침내 댜오위다오 등은 중국 영토라는 견해를 제시했다. 한편, 같은 1971년에는 전후 미국의 위임통치 아래있던 오키나와의 통치권(施政權)이 일본에게 반환되어 센카쿠 제도의 통치권도 미국에서 일본으로 반환되었다. 그때만 해도 다른 큰 문제에 가려 있기는 하지만, 중국이 국제 무대로 복귀하여 중일 관계가 개선되는 방향으로 움직이기 시작했을 때 두 나라 사이에 새로운 분쟁의 씨앗이 싹트고 있었다는 사실은 기억해 둘 필요가 있다. 관계가 정상화하고 밀접해질수록 서로 논의해야 하는 과제도 많아졌다.

전환기의 알력　대외 전략의 대전환을 준비하고 있던 때, 1970년 8월 말부터 9월 초에 열린 공산당 제9기 제2회 중앙위원회에서 갑자기 이상한 광경이 연출되었다. 회의 첫머리에 발언한 문혁파 간부 천보다(陳伯達)가 다른 누구도 아닌 마오쩌둥한테 심하게 비판받고 실각하는 장면이다. 사실 당시 마오쩌둥을 국가주석에 취임시키고 린뱌오를 부주석으로 삼는다는 계획이 지도부 일부에서 진행되고 있었다. 그전년 제9회 전국대회에서 린뱌오를 마오쩌둥의 후계자로 지정한 것에 발맞추고 린뱌오의 지위를 강화하려는 움직임이었다.

그런데 이 계획을 진행할 선도 역할로 회의 초반에 천보다가 마오쩌 둥을 천재라고 치켜세우며 열변을 토하고 있었는데, 마오쩌둥이 국가주 석 자리를 거부하고 거꾸로 천보다의 주장을 비판했던 것이다. 천보다는 당내의 지위를 잃었다. 이러한 이변이 생긴 이유를 두고 오늘날 중국에 서는, 천보다의 발언 내용이 국가주석이라는 지위를 설정하는 것 자체에 의심을 품고 있던 마오쩌둥의 역린(逆鱗)을 건드렸기 때문이라고 설명 한다. 이유가 무엇이든지 간에, 천보다의 실각에 따라 그의 배후에 있던 린뱌오도 큰 타격을 받고 정신적으로 위축되었다. 그 일이 있고부터 공 식 행사에 출석하는 횟수도 부쩍 줄었다고 한다. 오늘날 일반적으로 유 포되어 있는 설명에 따르면, 이렇게 고립되고 있던 린뱌오를 둘러싼 그 룹 가운데 자신들의 세력을 만회하기 위해 권력 탈취 쿠데타를 감행하 려 기도한 자까지 나왔다.

린뱌오 그룹이 1969년부터 1971년에 걸쳐 고립 상태가 깊어 간 것이 단지 제9기 제2회 중앙위원회 때와 같은 일이 발생했기 때문일까? 아마 도 그럴 리는 없을 것이다. 미소 양 대국과 동시에 대결하는 것을 포기하 고 소련하고만 대결하는 것으로 목표를 좁히고, 미국이나 일본, 서유럽 국가들과 관계를 개선하여 경제 재건을 꾀한다는 대외 방침의 극적인 전환은, 중국 지도부 안에서 심각한 의견 차이를 낳았을 터이다. 방침 전 환을 둘러싸고 격론이 벌어지는 가운데, 결국 린뱌오를 비롯한 일부 군 인 그룹이 고립되어 갔을 가능성이 높다.

1971년 9월 또다시 이해할 수 없는 사건이 발생했다. 마오쩌둥의 후 계자로 지명된 린뱌오가 쿠데타를 기도했다가 실패한 뒤, 국외로 도피하 려다 비행기 사고로 사망했다는 것이다. 오늘날까지도 이 사건의 진상은 분명하지 않다. 그렇지만 비행기가 몽골 상공에서 추락한 것, 그 비행기에 린뱌오가 탑승하고 있던 것, 그가 도망가려던 곳으로 소련을 생각하고 있었다는 것은 확실하며, 린뱌오의 불가사의한 죽음은 소련과의 관계도 얽혀 있는 대외 전략의 대전환과 밀접한 관련이 있는 사건이었다고 추측된다.

1971년 10월 유엔총회는 중화인민공화국에게 유일한 합법적 대표권을 인정하고, 중국을 다섯 상임이사국 가운데 하나로 맞아들이는 동시에, 타이완을 유엔과 그 관련 기관들에서 배제하는 결의안을 채택했다. 린뱌오 사건이 일어난 지 겨우 한 달 뒤의 일이었다. 중국 국내의 권력투쟁이 어두운 심연을 슬쩍 드러낸 직후에, 나라 바깥에서 화창한 햇살이 쏟아져 들어온 셈이다. 물론 이 유엔총회의 결의는 타이완 외교에서는 고난의 길이 시작되는 순간이었다.

중국이 유엔에 복귀한 시점에서 이 책의 서술을 일단 끝내고자 한다. 문혁 시기에 실각한 덩샤오핑이 복귀하여 중국 정부의 부총리로 유엔총회에 참여한 것은 1974년 4월의 일이었다. 이제 개혁개방 정책으로 전환하는 일은 임박해 있었다. 문혁의 혼란은 여전히 계속되고 있었지만, 이미 역사의 수레바퀴는 문혁 이후를 향해 굴러가기 시작했다.

맺음말

이 책이 다룬 시기는 1945년부터 1971년까지 26년에 지나지 않는다. 그러나 겨우 사반세기 동안 중국은 국민당 정권에서 공산당 정권으로 정권 교체를 체험하고, 그 후 숨 쉴 틈도 없이 '대약진'과 문화대혁명의 혼란 속으로 걸어 들어갔다. 가혹한 시절이었다.

그렇다면 그 가혹한 시절을 거쳐 중국은 변했는가? 아니면 변하지 않았는가? 이런 종류의 질문에 답하는 일은 사실 대단히 어렵다. 늘 변한 것과 변하지 않은 것을 동시에 보여 주는 것이 근현대의 중국이기 때문이다. 끊임없이 계속 변화하고 있다는 것이 가장 적절한 대답일 것이다.

그렇다면 어디에서 어디를 향해 변화하고 있는가? 1945년부터 1971년까지 중국에 대해 말하자면, 이 책에서 쓴 대로 아주 명확하다. 무역을 자유화하고 미국을 의지하여 전후 부흥을 해보려 애쓴 국민당 정권은 단기간에 벽에 부딪쳤고, 국민의 지지를 잃어버렸다. 그 대신에 신민주주의를 내걸고 다른 당파의 협력을 얻어 정권의 자리에 오른 것은 공산당이었다. 그러나 한국전쟁을 비롯한 나라 안팎의 격동 속에서 공산당 정권은 소련을 모델로 하는 사회주의 조기 실현으로 기울어 간다. 이리하여 전후 몇 년 사이에 자국의 진로를 두고 여러 선택지 사이를 헤매던 중국은, 1954년 공산당 정권 아래에서 사회주의를 통해 부강한 국가를 만들겠다고 선언했다. 그 뒤로 이 책이 우선 한 획으로 삼은 1971년까지, 사회주의를 통한 부강한 국가 건설이라는 당시 정권이 내세운 목표 자체는 조금의 동요도 없었다. 그 점은 일관되었다고 해도 제8회 전국대회의 비교적 신중한 노선에서 무모한 대약진으로, 그 대약진의 파탄에서 조정기로, 그리고 조정기에서 미증유의 혼란을 초래한 문혁기로, 중국이 좌우로 흔들린 진폭의 정도는 엄청난 것이었다.

왜 그랬을까. 문제는 똑같이 사회주의라는 말을 사용했다 하더라도, 정권을 장악하고 있던 공산당 지도부 안에서조차 그 구체적인 의미와 내용에 관해 인식의 차이가 무척 컸기 때문이다. 급진적인 사회주의로 기우는 경향이 있던 마오쩌둥은 비교적 신중한 사회주의를 지향하려고 한 공산당 지도부 내의 다수 의견에 몇 번이나 눌려야 했다. 그러나 마오쩌둥은 체념하지 않고 그때마다 스스로 공산당 내부의 지방 간부나 민중을 조직하여 지도부 다수 의견을 뒤엎고 급진적 사회주의에 도전하고자 했다. 대약진 시기에는 농민이나 노동자들을, 그리고 그들이 멀어지자 문혁기에는 젊은 청년 학생들을 조직하는 데 열중했다. 그 급진주의가 가져온 혼란과 참화는 이미 본문에서 서술한 그대로다.

그러나 그러한 혼란과 참화의 책임을 전부 마오쩌둥과 그를 둘러싼 사람들에게 미룰 수는 없다. 그들이 급진적 사회주의에 매진한 조건은 전후 국민당 정권 타도, 공산당 정권 성립을 비롯한 중국 스스로의 궤적과 동서 냉전의 험준한 국제 정세 아래에서 역사적으로 형성된 것이었으며, 급진적 사회주의를 기대하고 지지한 사람들이 각 시기마다 중국 국내에 존재했던 것은 부인할 수 없는 사실이기 때문이다. 대약진이나 문혁의 전개 과정 전체를 역사의 산물로 이해해야 한다는 것을 이 책은 보여 주고 있다.

그렇지만 1949년 시점에서는 사회주의에 위화감을 가진 사람들이 다수를 차지했다. 바로 그 때문에 공산당은 앞에서 상세하게 서술했듯이 사회주의로 곧바로 가지 않고, 신민주주의를 지향하겠다고 한 것이다. 1954년에 사회주의화 방침이 나온 뒤에도, 공산당 정권이 주도하는 사회주의 건설이 순조롭게 진척되지 않은 것 역시 영향을 주어 늘 갖가지 이견이 제기되어 왔다. 가혹한 시절이 계속되는 상황에서 백가쟁명 때처럼 그러한 이견이 표면에 나온 시기도 있었다면, 문혁기처럼 꺾여서 복류(伏流)한 시기도 있었다.

그러나 1947년 중화민국 헌법의 내용을 숙지하고, 전후 국민당 정권 시대에 잡지 《관찰》을 애독한 학생과 지식인들은 1950년대 이후 공산당 정권의 주장을 충분히 상대화하여 이해할 능력을 가지고 있었다. 공산당 정권은 늘 그러한 잠재적 비판 세력이 국내에 존재한다고 전제하고 정책을 펼쳐 나갈 수밖에 없었다. 현대 중국의 역사에 대해서 당시의 공산당 정권과 그를 지지하는 세력뿐 아니라, 그 밖의 세력들 역시 주체였다는 당연한 사실을 염두에 두고 그 전체상을 그려 나가야 한다. 그러한 다양한 세력의 움직임이 서로 뒤얽혀 있는 가운데, 이미 1970년대 초반에 문혁 이후 시대(포스트 문혁 시대)의 문을 열어젖히는 새로운 힘은 확실히 싹을 틔우고 있었다.

후 기

중국과 일본 관계가 삐걱거리고 있다. 일본인이 중국을 보는 눈도, 중국인이 일본을 보는 시선도 더욱 험해졌다. 일본 정부가 해마다 시행하는 여론조사에 따르면, 30년쯤 전에 일본인들 사이에서 중국에 친밀감을 느낀 사람은 71퍼센트나 되었다(1978~1988년 평균). 그러나 최근 이 수치는 35퍼센트까지 떨어져, 거꾸로 "친밀감을 느끼지 않는다"고 답변한 사람이 63퍼센트나 된다(2007~2009년 평균). 센카쿠 제도 문제나 노벨평화상을 둘러싼 움직임이 있던 2010년, 그런 경향은 더욱 강해졌다(전자가 20퍼센트, 후자가 78퍼센트).

한편 중일 간의 경제 관계는 전례 없이 긴밀해져, 두 나라 모두 상대방을 빼고는 장래를 생각할 수 없는 존재가 되었다. 굳이 말하자면 관계가 긴밀해졌기 때문에 마찰이 생겨나는 것이고, 아무런 관계가 없다면 마찰이 생겨날 여지도 없을 것이다. 중국이 세계에 깊이 관여함에 따라, 세계는 중국이 안고 있는 여러 문제에 직면하지 않을 수 없게 된 것이다.

그리고 이러한 때야말로 우리들은 있는 그대로의(等身大) 중국을 인식하기 위해 노력할 필요가 있다고 생각한다. 중국의 행동에 단순히 반발하는 것이 아니라, 중국이 왜 그렇게 행동하는지를 깊이 이해하고 대응해 나가야 한다.

그렇다고 일본인이 중국을 이해하기란 그리 쉬운 일이 아니다. 한쪽은 인구 13억의 대륙 국가, 한쪽은 인구 1억2천만의 섬나라라는 차이는 물론 크다. 또 최근 중국은 고도 경제성장을 계속해 왔다고는 하지만, 그래도 국민 1인당 경제활동 규모로는 10배 정도(2008년 일본의 1인당 GDP는 38,560달러, 중국은 3,344달러, 두 나라 정부의 공식 발표)의 격차가 난다. 또한 그러한 차이에 더해서 각자가 겪은 전후(戰後)가 크게 다르다는 점, 그리고 그것을 알 기회조차 없었다는 점도 다시 한 번 생각해 볼 필요가 있다.

1945년부터 1971년까지, 바로 이 책이 다루는 26년 사이에 중일 두 나라 사이의 인적 교류는 매우 한정되어 있었다. 패전 이후 연합국 점령 하에 놓인 일본은 중국과 자유로이 왕래할 수 없었고, 전후 부흥을 둘러싸고 혼란을 계속해 온 중국도 대일 관계를 크게 발전시키기가 곤란했다. 그리고 인민공화국의 성립, 그에 이어서 일어난 한국전쟁과 동서 냉전의 격화는 중일 두 나라 사이의 자유로운 왕래를 거의 단절시켰다. 일본과 중국 민중은 서로의 사정을 직접 보고 들을 기회를 전후 오랜 기간 동안 잃었던 것이다.

학생이나 연구자도 예외는 아니다. 우리보다 윗세대 사람들에게 중국을 접할 기회는 드물었고, 중국 유학은 불가능에 가까운 일이었다. 사적인 이야기이지만, 내가 대학에 입학하던 1971년 4월 중국어 수업 수강생은 동급생 400명 가운데 겨우 25명이었다. 프랑스어나 독일어를 공부하는 학생들에 비하면 터무니없는 소수였다. 중국 대륙에서 온 유학생은 아무도 없었으며, 우리가 유학을 가는 곳에도 중국 대륙이라는 선택지는 존재하지 않았다. 내가 장기간 대륙에 체재할 기회를 가질 수 있었던 것은 1980년대에 대학의 조교가 되고 난 이후였다. 그런 시대였다.

이 책은 전후 일본인 대다수가 직접 중국을 체험하기 곤란했던 1945년부터 1971년까지의 시대를 돌아보고 있다. 전후 중국사 연구가 서서히 진전되고 많은 사료를 이용할 수 있게 되어(아직 충분하지는 않지만), 마침내 이 시대의 중국에 대해 어느 정도 실감을 가지고 그려 낼 수 있었다. 있는 그대로의 중국 인식이란 그러한 의미를 포함하고 있다. 제2차 세계대전 이후 현대 중국이 성립되어 온 격동의 과정, 그리고 그에 따라 서서히 나타난 여러 문제를 이해하는 데 도움이 된다면 다행이겠다.

2010년 12월

구보 도루

참고문헌

사료

顧詰剛,《顧詰剛日記》, 聯經出版事業公司, 2007.

顧准,《顧准日記》, 經濟日報出版社, 1997.

公安部檔案館 編注,《在蔣介石身邊八年: 侍從室高級幕僚唐縱日記》(본문에서는《唐縱
　　日記》로 약칭), 北京, 群衆出版社, 1991.

國家統計局,《中國統計年鑑》各年版, 中國統計出版社, 各年.

蔣介石,《蔣總統集》全3冊, 國防研究員, 1965~1968.

蕭乾(丸山昇 編訳),《地図を持たない旅人ある中国知識人の選択》全2卷, 花傳社,
　　1992~1993(原著 1988).

中共中央文獻研究室 編,《建國以來重要文獻選編》1992~1997.

中共中央文獻研究室·中共南京市委員會 編,《周恩來一九四六年談判文選》, 北京, 中央文
　　獻出版社, 1996.

陳雲,《陳雲文選》全3冊, 人民出版社, 1984~1986.

東京大学 近代中国史研究会 訳,《毛沢東思想萬歲》全2卷, 三一書房, 1974~1975(原著
　　1969).

日本国際問題研究所 中国部会 編,《新中国資料集成》全5卷, 日本国際問題研究所,
　　1963~1971.

日本国際問題研究所 現代中国研究部會 編,《中国大躍進政策の展開 資料と解説》全2卷,
　　日本国際問題研究所, 1973~1974.

毛澤東,《毛澤東選集》全5冊, 人民出版社, 1940s~1977.

毛澤東,《建國以來毛澤東文稿》全13冊, 中央文獻出版社, 1991~1998.

毛里和子ほか 編,《原典中国現代史》全9卷, 岩波書店, 1994~1996.

歷史學研究會 編,《世界史史料10 20世紀の世界1》, 岩波書店, 2006.

전체

飯島渉·久保亨·村田雄二郎 編,《シリーズ20世紀中国史3 グローバル化と中国》, 東京

大学出版会, 2009.

石井明,《中ソ關係史の研究 1945~1950》, 東京大学出版会, 1990.

奥村哲,《中国の現代史: 戰爭と社会主義》, 青木書店, 1999.

何理 主 編,《中華人民共和國史》, 中国檔案出版社, 1995.

加々美光行,《知られざるり: 中国の民族問題》, 新評論, 1992.

川島眞・腹部龍二 編,《東アジア国際政治史》, 名古屋大学出版会, 2007.

金冲及,《二十世紀中國史綱》第3卷(全4冊), 社會科學文獻出版社, 2009.

久保亨・土田哲夫・高田幸男・井上久士,《現代中国の歴史: 兩岸三地100年のあゆみ》, 東
　京大学出版会, 2008.

国分良成,《現代中国の政治と官僚制》, 慶應義塾大学出版会, 2004.

嶋倉民生・丸山伸郎,《中国經濟のディレンマ》, 有斐閣, 1983.

謝益顯 主編,《中國當代外交史 1949~1995》, 中國青年出版社, 1997.

沈志華ほか,《中華人民共和國史》第2~6卷(全10冊), 香港, 中文大學出版社, 2008~ (刊
　行中).

田中明彦,《日中關係 1945~1990》, 東京大学出版会, 1991.

西村成雄,《中国ナショナリズムと民主主義: 20世紀中国政治史の新たな視界》, 研文出
　版, 1991.

武力 主 編,《中華人民共和國經濟史》, 中國時代經濟出版社, 2010.

龐松ほか,《中華人民共和國史》第1~3卷(全6冊), 人民出版社, 2010.

毛里和子,《周緣からの中国: 民族問題と国家》, 東京大学出版会, 1998.

毛里和子,《中国とソ連》, 岩波新書, 1989.

毛里和子,《日中關係: 戰後から新時代へ》, 岩波新書, 2006.

劉傑・三谷博・楊大慶 編,《国境を越える歴史認識: 日中對話の試み》, 東京大学出版会,
　2006.

1장

殷燕軍,《中日戰爭賠償問題》, 御茶の水書房, 1996.

金子肇,〈国民黨による憲法施行體制の統治形態〉, 久保 編,《1949年前後の中国》所收.

菅英輝,《米ソ冷戦とアメリカのアジア政策》, ミネルヴァ書房, 1992.

許滌新・吳承明 編,《中國資本主義發展史3 新民主主義革命時期的中國資本主義》, 北京,
　人民出版社, 1993.

久保亨,〈対外經濟政策の理念と決定過程〉, 姫田 編,《戰後中国国民政府史の研究》所收.

久保亨 編著,《1949年前後の中国》, 汲古書院, 2006.

陳謙平(小野寺史郎 訳),〈一党獨裁から多黨'襯託'制へ〉, 久保 編,《1949年前後の中国》所收.

田中恭子,《土地と權力: 中國の農村革命》, 名古屋大学出版会, 1996.

中村元哉,《戰後中国の憲政實施と言論の自由 1945~1949》, 東京大学出版会, 2004.

中村元哉,〈憲政實施期の文化論爭〉, 姫田 編,《戰後中国国民政府史の研究》所收.

姫田光義 編著,《戰後中国国民政府史の研究》, 中央大学出版部, 2001.

水羽信男,《中國近代のリベラリズム》, 東方書店, 2006.

松田康博,《臺灣における一党獨裁體制の成立》, 慶應義塾大学出版会, 2006.

劉傑,《漢奸裁判: 對日協力者を襲った運命》, 中公新書, 2000.

林桶法,《從接收到淪陷: 戰後平津地區接收工作之檢討》, 臺北, 東大圖書出版公司, 1997.

2장

小林弘二,《中国革命と都市の解放: 新中国初期の政治過程》, 有斐閣, 1974.

朱建榮,《毛沢東の朝鮮戰爭: 中國か鴨綠江を渡るまで》, 岩波書店, 1991(岩波現代文庫, 2004).

程麟蓀, 關智英 訳,〈國民政府資源委員会とその人民共和国への有産〉, 久保 編,《1949年前後の中国》所收.

董志凱 主編,《1949~1952年中國經濟分析》, 北京, 中國社會科學出版社, 1996.

松本俊郎,《'滿洲国'から新中国へ 1945~1954: 鞍山鐵鋼業からみた中国東北の再編科程》, 名古屋大学出版会, 2000.

楊奎松, 大譯武彦 譯,〈共産黨のブルジョアジ: 政策の變轉〉, 久保 編,《1949年前後の中國》所收.

林蘊暉, 范守信, 張弓,《1949~1989年的中國1 凱歌行進的時期》, 河南人民出版社, 1989.

3장

川島眞,〈前後の国際環境と外交〉, 久保 ほか 編,《シリーズ20世紀中国史3》所收.

曠晨·潘良 編著,《我們的五十年代》, 中國友誼出版公司, 2005.

謝春濤,《大躍進狂瀾》, 河南人民出版社, 1990.

叢進,《1949~1989年的中國2 曲折發展的歲月》, 河南人民出版社, 1989.

戴晴, 田畑佐和子 譯,《毛沢東と中国知識人》, 東方書店, 1990.

鳥居民,《毛澤東五つの戰爭: 中国現代史論》, 草思社, 1970.

丸山昇,《文化大革命に到る道》, 岩波書店, 2001.

山本眞,《農村社会からみた土地改革》, 久保 ほか 編,《シリーズ20世紀中国史3》所收.

4장

岡部達味,《現代中國の對外政策》, 東京大學出版會, 1971.

朱建榮,《毛沢東のベトナム戦争: 中国外交の大轉換と文化大革命の起源》, 東京大学出
    版会, 2001.

5장

王年一,《1949～1989年的中國3 大動亂的年代》, 河南人民出版社, 1988.

江沛,《紅衛兵狂飆》, 河南人民出版社, 1994.

周明 編, 袁海里 訳,《沈思: 証言が傳える文化大革命》, 原書房, 1990(原著《歷史在這里沈
    思》, 1987～1989).

竹內実・村田茂 編,《ひとびとの墓碑銘: 文革犠牲者の追悼と中国文藝界のある状況》,
    霞山会, 1983.

陳凱歌, 刈間文俊 譯,《私の紅衛兵時代: ある映畫監督の青春》, 講談社現代新書, 1990.

マンダレ, H. ほか 編, 山下佑一 譯,《毛沢東を批判した紅衛兵》, 日中出版, 1976[원서
    는 Hector Mandares et al., *Revo cul dam la Chine pop: Anthologte de la presse
    des Gardes rouges (mat 1966~janvier 1968)*, Paris: Bibliotheque Asiatique,
    1974―옮긴이].

6장

NHK 放送世論調査所 編,《図説前後世論史》, 日本放送出版協会, 1975.

商業部商業經濟研究所,《新中國商業史稿(1949~1982)》, 中國財政經濟出版社, 1984.

姫田光義,《林彪春秋》, 中央大学出版部, 2009.

綠間榮,《尖閣列島》, おきなわ文庫, ひるぎ社, 1984.

연 표

1945	4.23~6.11 중국공산당 제7회 전국대회. 5.5~21 중국국민당 제6회 전국대회. 9.9 중국 주둔 일본군의 항복. 10.10 국민당과 공산당, 쌍십협정 체결.
1946	1.10~31 정치협상회의(충칭). 11.15~12.25 헌법제정국민대회(난징)
1947	1.1 중화민국 헌법 공포(12.25시행). 2.28 타이완 2·28 사건
1948	3.29 헌정 시행의 국민대회 개회(난징). 9월~ 랴오선(遼瀋)·화이하이(淮海)·핑진(平津) 3대전투(~1949.1).
1949	10.1 중화인민공화국 성립 선언. 12.8 국민정부, 타이베이 천도 결정.
1950	2.14 중소우호동맹상호원조조약 조인(모스크바). 5.1 혼인법 공포. 6.30 토지개혁법 공포. 10.8 공산당, "중국인민의용군"의 한반도 파견 결정.
1951	2.21 반혁명처벌조례 공포. 10.26 중국군, 라싸 진주. 12.8 3반운동 개시.
1952	2월 5반운동 개시.
1953	8월 마오쩌둥, '과도기 총노선' 지시.
1954	6.28 저우언라이·네루 회담, 평화5원칙 성명. 9.3 중국군, 진먼, 마쭈 두 섬을 포격. 9.15~28 제1회 전국인민대표대회, 중화인민공화국 헌법을 채택·공포.
1955	5.13 후펑 비판 개시.
1956	5.26 공산당, "백화제방, 백가쟁명" 제창. 9.15~27 공산당 제8회 전국대회.
1957	2.27 마오쩌둥, "인민 내부의 모순을 바르게 처리하는 방법에 대하여" 연설. 6.8《인민일보》사설 "이것은 어떻게 된 일인가"→이후 반우파투쟁 전개.
1958	5.5~23 공산당 제8회 전국대회 제2회 회의, 사회주의 건설의 총노선 제창→대약진 정책.
1959	3.10~30 티베트 동란(→달라이 라마 망명). 7~8월 공산당 뤼산회의. 8.25 중국과 인도 국경에서 충돌 개시.
1960	10.3 타이완《자유중국》정간.
1961	1.14~18 공산당제8기 제9회 중앙위원회, 조정 정책 결정.

1962	4~6월 신장 일리 지구 주민의 도망으로 중소 국경분쟁. 9.24~27 공산당 제8기 제10회 중앙위원회. 마오쩌둥, 계급투쟁 계속론과 농업기초론 강조. 10.20~11월 하순 중국과 인도, 국경분쟁. 11.9 "일중총합무역에 관한 각서"에 조인(LT 무역개시).
1963	6.14 공산당, 소련과 전면적인 이데올로기 논쟁.
1964	10.16 중국, 첫 원폭실험 성공. 12월 제3회 전국인민대표대회. 저우언라이 근대화 강조.
1965	11.10 《문회보》 야오원위안 논문→문화대혁명 개시.
1966	8.1~12 공산당 제8기 제11회 중앙위원회, "프롤레타리아 문화대혁명에 관한 결정."
1967	1.23 공산당 중앙, 군의 탈권투쟁 개입 지시. 6.17 중국의 첫 수소폭탄 시험 성공.
1968	9.5 혁명위원회, 전국의 성·시·자치구에 성립. 12.22 홍위병의 농촌하방 방침 공표.
1969	3.2 중소 국경분쟁(전바오 섬 사건). 4.1~24 공산당 제9회 전국대회, 린뱌오를 후계자로 규정.
1970	1.20 바르샤바 중미대사급회담 재개. 4.24 중국의 첫 인공위성 발사.
1971	9.13 린뱌오 사망. 쿠데타 실패에 의한 도망설. 10.25 유엔총회, 중국 대표권 결의.

옮긴이 후기

　중국 근현대사라고 하면 어느 시기를 말하는 걸까? 아마 중국사 전공자에게 물어보아도 똑같은 답이 나올 것 같지 않다. 오늘날 중국에서는 1840년 아편전쟁 무렵부터 1949년 중화인민공화국 성립까지를 근대사로 묶는다. 하지만 내가 1989년부터 1996년까지 한국에서 중국사를 공부할 때는 전혀 달랐다. 근대의 시작을 아편전쟁(제1차 중영전쟁)으로 잡는 것은 비슷하지만, 1911년 신해혁명으로 청 제국이 무너지고 중화민국이 성립하면서 근대사가 종결된다고 배웠다. '민국혁명론'(民國革命論)을 전개한 고 민두기 교수는 신해혁명을 제1차 민국혁명, 1919년 5·4운동을 제2차 민국혁명으로 보고 중국 현대사의 서막이라고 해석하기도 했다. 여하튼 중화민국 성립 이후는 중국 현대사였던 셈이다.

　그 무렵 한국의 중국 현대사 연구는 쑨원이 이끄는 국민당이 어떻게 중국 민중의 지지를 조직화하면서 중국을 재통일하는가 하는, 이른바 '국민혁명'(國民革命) 연구에 집중되어 있었다. 사실상 1930년대나 1940년대에 관한 연구는 거의 없었다고 해도 과언이 아니다. 따라서 내가 석사 논문 주제로 '1930년대 광둥 성 천지탕(陳濟棠) 정권의 제당업

건설'을 선택했을 때, 주위의 반응은 중국 현대사 논문이 그렇게까지 시기가 내려가서야 되겠느냐 하는 걱정이었다. 더구나 정치사가 주류를 이루고 있던 학계에서 관심이 희박했던 경제사였다. 사료를 구하기가 쉽지 않다는 선배들의 염려는 타당한 것이었지만, 현대사 연구라면 1930년대도 1940년대도 못 쓸 이유가 없다고 생각하던 나는 사실 기가 많이 죽었고 외로웠다.

이렇게 의기소침해 있던 나에게 연구 의욕을 북돋아 준 분이 다름 아닌 구보 도루(久保亨) 교수이다. 우여곡절 끝에 유학을 간 일본에서 만난 중국사 연구자였다. 그 무렵 이미 논문을 통해 일본의 중국 경제사 연구에서 핵심적인 학자로 잘 알고 있던 구보 도루 교수를 처음 만난 것은 도쿄를 중심으로 활동하는 연구자 모임인 '중국현대사연구회'에서였다. 구보 교수는 당시 도쿄도립대학(지금은 슈토대학도쿄首都大学東京)의 오쿠무라 사토시(奥村哲) 교수와 함께 메이지대학에서 매달 열리는 이 연구회를 실질적으로 이끌고 있었다. 구보 교수는 나에게 학회에서 발표할 수 있는 장을 마련해 주었을 뿐 아니라, 내 논문에 관심을 가지고 중국근현대사 전문 학술지에 투고하자고 권했다. 그 무렵 일본에서는 중국의 1930년대 연구가 대단히 활성화되어 있었고, 경제사 연구가 새로운 흐름을 이끌고 있었다. 왜 이런 주제를 공부하느냐는 비판에 주눅이 들어 있던 나에게 보내 준 격려는 이후 본격적으로 경제사를, 또 시대 구분에 얽매이지 않고 관심을 좇아 연구할 수 있게 해준 원동력이 되었다.

어언 20년에 가까운 세월이 흐른 뒤, 중국에서는 1949년 이후를 중국 현대사로 보고 있다. 한국이나 일본에서는 특별히 근대사와 현대사를 구분하지 않고 중국 근현대사로 지칭하면서 아편전쟁 이후 1949년까지의 역사를 포괄하는 경향이 주류가 되었다. 최근에 와서는 중화인민공화국 초기 역사, 즉 문화대혁명과 개혁개방 정책 개시 이전까지도 현대사의 범위로 편입되고 있는 중이다. 이에 따라 중국 현대사 연구의 범주와 현대 중국의 연구 범주는 갈수록 중첩되고 있으며, 학제 간 연구 역시 활발해질 전망이다.

이와 같은 학계의 동향을 잘 나타내 주는 것이 바로 이 책이다. 원래 지은이는 1930년대 난징 국민정부의 관세 정책 연구로 탁월한 학술 업적을 남긴 분이다. 그리고 이후 《1949년 전후의 중국》을 편집하기까지, 지은이는 1949년을 경계로 중국 현대사와 현대 중국을 나누는 기성 학계의 시각에 강한 비판을 제기해 왔다. 둘 사이의 '연속성'을 강조함으로써 역사학의 지평을 넓혔을 뿐 아니라, 특히 경제사 영역에서 치밀한 실증 연구를 통해 주장의 정당성을 주장했던 것이다. 이번에 이 책의 원서인 이와나미신서(岩波新書)의 '시리즈 중국근현대사'에서 지은이가 1930년대를 다룬 3권이 아니라 중화인민공화국 초기 역사를 다룬 4권을 집필하고, 또 이 시리즈가 2010년까지 포괄하여(5권) 출판될 예정인 것은 바로 지은이의 오랜 노력이 학계에서 구체적인 성과물로 응축되어 나타난 결과라고 생각한다.

최근 한국의 중국사 학계에서도 점점 더 많은 석사, 박사과정 연구자들이 중화인민공화국의 역사에 관심을 가지고 논문을 발표하고 있다. 이런 열기에 비해서 제대로 된 개설서가 턱없이 부족한 것이 현실이다. 이번 시리즈의 번역·출간으로 그러한 갈증이 상당 부분 해소될 것으로 기대한다.

2012년 12월
강진아

찾아보기